AF501939

LE PROFESSEUR

LÉON TRIPIER

(1842-1891)

BIOGRAPHIE. — TRAVAUX SCIENTIFIQUES
ŒUVRES COMMÉMORATIVES

LÉON TRIPIER
Médaillon par M. AUBERT

LYON
A. STORCK, IMPRIMEUR-ÉDITEUR, 78, RUE DE L'HÔTEL-DE-VILLE

1894

LE PROFESSEUR LÉON TRIPIER

LE PROFESSEUR

LÉON TRIPIER

(1842-1891)

BIOGRAPHIE. — TRAVAUX SCIENTIFIQUES
ŒUVRES COMMÉMORATIVES

LÉON TRIPIER
Médaillon par M. AUBERT

LYON
A. STORCK, IMPRIMEUR-ÉDITEUR, 78, RUE DE L'HÔTEL-DE-VILLE
1894

I

BIOGRAPHIE
MORT
FUNÉRAILLES

Léon Tripier, professeur de clinique chirurgicale à la Faculté de médecine de Lyon, professeur d'anatomie à l'École nationale des Beaux-Arts de cette ville, chevalier de la Légion d'honneur et officier de l'Instruction publique, a été brusquement enlevé à l'affection de sa famille, de ses amis, de ses élèves et de ses malades, le 6 décembre 1891.

Léon Tripier était né le 7 mars 1842, à Bourgoin (Isère) où son père exerçait la médecine.

Après avoir terminé ses études classiques au Lycée de Lyon et à celui de Grenoble, il s'inscrivit en 1860 à l'École de médecine de Lyon, où il rejoignit son frère, M. Raymond Tripier.

Il ne tarda pas à se faire distinguer par son intelligence, son zèle et son ardeur au travail. En 1862, nommé interne des hôpitaux, puis aide d'anatomie, il reçut le diplôme de docteur en médecine à la Faculté de Paris, en 1866, après la soutenance d'une thèse remarquable sur le cancer de la colonne vertébrale.

Formé à l'École chirurgicale lyonnaise de cette époque, qui faisait marcher de pair la pratique et l'expérimentation, élève de M. Ollier et de M. Chauveau, Léon Tripier se prépara à cultiver deux champs à la fois, l'hôpital et le laboratoire, et pour s'y mieux préparer voyagea et séjourna auprès des maîtres les plus réputés, Charcot à Paris, Virchow, Langenbeck et de Grœfe, en Allemagne.

De retour à Lyon, il remplit auprès de M. Ollier les fonctions de chef de clinique chirurgicale, se livra à des recherches scientifiques dans le laboratoire de M. Chauveau, et ouvrit des cours libres de pathologie chirurgicale et de médecine opératoire.

Membre de la Société anatomique et micrographique de Paris, de la Société des sciences médicales de Lyon, il fut successivement lauréat de la Société médicale d'Amiens, de la Faculté de médecine de Paris et de l'Institut de France.

Il touchait au point culminant de la phase préparatoire de sa carrière lorsqu'éclata la guerre de 1870. Attaché à la première ambulance lyonnaise, il fit en qualité de chirurgien les campagnes de l'Est et du Centre à la suite du 20e corps d'armée. Dans l'exercice de ses fonctions, il s'inocula au doigt une matière infectieuse et contracta un phlegmon diffus du bras qui faillit l'emporter. Sa robuste constitution triompha du mal; mais la convalescence fut longue.

Relevé de ce terrible accident, Léon Tripier reprit son enseignement libre, concourut avec une grande distinction pour la place de chirurgien-major de l'Hôtel-Dieu de Lyon, en 1873, et se vit rechercher par la Faculté de médecine de Montpellier et celle de Genève pour y professer l'anatomie pathologique.

Il préféra attendre une situation plus en rapport avec ses goûts de prédilection et dans la ville où il s'était formé à la vie scientifique.

La création de la Faculté de médecine de Lyon, en 1877, fut l'occasion d'une grande joie pour lui. On lui confia, en qualité de chargé de cours, l'enseignement de la médecine opératoire. Dans ce poste, il paya largement de sa personne et en peu de temps la médecine opératoire à Lyon devenait un enseignemeut modèle. Ce chargé de cours fut alors nommé professeur titulaire.

L'une des chaires de clinique de la Faculté étant devenue vacante, en 1882, il y fut transféré sur sa demande et le vote de ses collègues.

Léon Tripier était un savant doublé d'un artiste. Non seulement, il avait le sentiment de l'art, mais il était dessinateur et peintre à ses moments de loisirs. Aussi ne pouvait-on plus heureusement choisir lorsqu'on le désigna, en 1869, pour remplacer dans le cours d'anatomie et de physiologie comparées à l'École des Beaux-Arts, M. Jourdan, professeur décédé.

Léon Tripier tenait à cet enseignement qui le rattachait au monde artistique. Il le conserva jusqu'à la fin de sa vie, malgré le labeur et le souci que lui causaient son service hospitalier et sa nombreuse clientèle auxquels il se dévouait corps et âme.

Ardent et épris de progrès, Léon Tripier voulait que rien, dans sa clinique, ne fut au-dessous de l'état de la science ; pour réaliser les améliorations désirables, il se prodiguait sans compter avec ses forces. Sincèrement généreux et scrupuleux, son esprit était sans cesse tendu vers ses malades, pauvres ou riches, préoccupé avant tout de l'utilité et des résultats de son intervention.

Ses élèves, à qui il s'efforçait d'inculquer son savoir et son dévoûment, tenaient aussi une grande place dans ses préoccupations journalières.

Léon Tripier présentait des signes évidents de fatigue ; mais personne ne supposait qu'il serait si promptement enlevé à tout ce qu'il aimait et à tous ceux qui aimaient sa nature vibrante, dévouée, généreuse et droite. Aussi sa mort survenue inopinément causa-t-elle une vive et profonde émotion dans le milieu universitaire et hospitalier de notre ville, dans la population lyonnaise tout entière, ainsi que dans le monde médical et scientifique.

On jugera de cette émotion et de la place considérable qu'occupait Léon Tripier dans l'estime de ses supérieurs hiérarchiques, de ses concitoyens et de ses émules par la lecture des lettres et des articles de presse qui furent écrits à la nouvelle de sa mort ou à l'occasion de ses funérailles.

M. le Ministre de l'Instruction publique et M. le Recteur de l'Académie de Lyon, furent des premiers à envoyer leurs condoléances à la famille.

Voici la lettre que M. le Recteur adressa à M. le professeur Raymond Tripier, frère du défunt :

Monsieur et honoré collaborateur,

M. le Ministre de l'Instruction publique, à qui j'avais annoncé le malheur qui frappe votre famille et vos amis, m'écrit aujourd'hui :

« J'ai appris avec un vif regret la mort de M. le professeur Léon Tripier, que vous m'annoncez par votre dépêche d'hier. Vous avez raison de dire que l'enseignement supérieur et la Faculté de médecine de Lyon viennent de faire une grande perte. M. Léon Tripier était de ces hommes qui sont pour l'Université une force et un honneur. Je vous prie d'être auprès de sa famille l'interprète de mes sentiments de très vive condoléance. »

J'ai voulu, Monsieur et honoré collaborateur, que M. le Ministre fût le premier à parler au nom de l'Université. J'ajoute à l'expression de ces regrets, celle de mon chagrin personnel et du souvenir d'affection et de respect que je garde à la mémoire de votre frère.

Veuillez agréer, Monsieur et honoré collaborateur, l'assurance de mes sentiments les plus dévoués.

Le Recteur,
Em. CHARLES

*
* *

Quelques jours plus tard, le Conseil général des Facultés apportait aussi son tribut de regrets :

Le Conseil général des Facultés de Lyon,
à M. le Professeur Raymond Tripier,
(16 décembre 1891)

Monsieur le Professeur,

Dans sa séance du 10 de ce mois, le Conseil général des Facultés de Lyon, ému de la perte inattendue qui venait de frapper l'Enseignement supérieur à Lyon, a exprimé les regrets unanimes que lui laisse la mort de M. Léon Tripier. Il a chargé son Président d'en transmettre l'expression à sa famille. Je suis son interprète en vous communiquant ce nouveau témoignage de l'estime et de la sympathie que votre frère s'était assurées par ses rares mérites et qui restent fidèles à sa mémoire.

Agréez, Monsieur le Professeur, l'assurance de mes sentiments les plus distingués.

Le Recteur, Président du Conseil général des Facultés,
Em. CHARLES

*
* *

La Société de chirurgie de Paris, dont Léon Tripier était membre correspondant, s'est empressée aussi d'envoyer l'expression de ses regrets.

Société de Chirurgie de Paris,
à M. le Professeur Raymond Tripier,
(18 décembre 1891)

Monsieur et très honoré Confrère,

Je suis chargé par les Membres de la Société de Chirurgie de vous dire la vive part qu'ils prennent tous à la perte que vous avez faite et que la science fait avec vous en la personne du Dr Léon Tripier, notre très regretté collègue.

Veuillez accepter pour vous-même et faire agréer à Madame votre mère l'expression de ma sympathie personnelle, et recevoir, Monsieur et très honoré Confrère, l'assurance de mes meilleurs et bien distingués sentiments.

Ch. Monod,
Secrétaire général.

* * *

La perte de Léon Tripier a été non moins ressentie par l'Administration des hôpitanx dont une partie des malades était confiée au professeur de clinique.

Le jour même où il succomba, Léon Tripier devait siéger dans un jury chargé de désigner un chirurgien-major de l'Hôtel-Dieu.

A l'issue du concours, M. l'administrateur Détroyat, directeur de l'Hôtel-Dieu et président du jury, en termes pleins de tact et de sentiment, a rappelé que parmi les places occupées par les juges, il en était une qui était restée vide par suite d'une mort inattendue et il a fait l'éloge du chirurgien d'hôpital, du chef de service dont, depuis dix années, il avait pu apprécier le zèle et le dévoûment.

Après ces témoignages d'une haute valeur, nous rapportons les termes dans lesquels la presse politique locale annonça la triste nouvelle à la population lyonnaise :

*
* *

Nous avons le regret d'apprendre la mort soudaine et inattendue de M. le docteur Léon Tripier, professeur de clinique chirurgicale à la Faculté de médecine, professeur d'anatomie à l'École des Beaux-Arts, chevalier de la Légion d'honneur.

Samedi encore, M. Léon Tripier était dans sa clinique, vaquant à ses occupations habituelles et, aujourd'hui même, il devait siéger comme membre du Jury dans le concours pour la nomination du chirurgien-major désigné de l'Hôtel-Dieu.

Nous n'avons pas à rappeler les éminentes qualités de notre compatriote qui le firent rechercher pour un poste de professeur à la création même de notre Faculté de médecine.

Chargé d'abord du cours de médecine opératoire, il fut ensuite choisi par ses collègues pour occuper une chaire de clinique chirurgicale. Là, il trouvait largement l'occasion de montrer sa valeur scientifique et le côté particulièrement charitable de son caractère. Il comprenait ses devoirs de la manière la plus scrupuleuse. Il se donnait entièrement à son œuvre. Les malades étaient l'objet de ses constantes préoccupations ; ils quittaient tous l'hôpital pénétrés de reconnaissance pour leur chirurgien.

C'est en raison de ses services hospitaliers qu'il reçut la croix de la Légion d'honneur des mains mêmes de M. Carnot qui, suivant ses propres expressions, décora M. Léon Tripier « *sur son champ de bataille* ».

Nous pouvons ajouter que les fatigues qu'il s'imposait dans ses fonctions ne sont pas étrangères aux accidents qui l'ont terrassé en pleine activité. M. Léon Tripier n'était âgé que de 49 ans.

Les regrets bien sincères et bien douloureux de ses nombreux amis l'accompagneront dans la tombe.

(*Lyon Républicain*, 7 décembre 1891).

*
* *

Le corps enseignant de notre Faculté de médecine vient d'être éprouvé d'une façon cruelle par la perte d'un de ses membres les plus éminents.

Hier, dans l'après-midi, le bruit se répandait en ville que le professeur Léon Tripier venait de mourir ; la triste nouvelle n'était, hélas ! que trop vraie.

La veille encore, le maître opérait dans cette modeste salle de l'Hôtel-Dieu où depuis plus de dix ans son enseignement était goûté avec l'assiduité et le profit que l'on sait. En dépit d'un léger état de malaise qui le tenait depuis la veille et contre lequel il s'obstinait à lutter, le regretté chirurgien ne quittait ses auditeurs qu'à onze heures, son service fini. On ne devait plus le revoir.

La mort de Léon Tripier sera vivement ressentie par la population lyonnaise, qui perd en lui un praticien hors de pair dont le dévouement et la sollicitude envers les malades étaient légendaires.

D'autres plus autorisés diront ses travaux, ses luttes pour la science, son zèle dans le professorat.

Qu'il nous soit permis de voir surtout dans Léon Tripier le républicain de vieille date, aux convictions éprouvées, en dépit des déboires que son attachement à la République lui valut bien des fois.

Nous envoyons à sa famille, particulièrement à son frère, le professeur Raymond Tripier, nos vives et sympathiques condoléances.

(*Le Progrès*, du 7 décembre 1891.)

*
* *

M. Léon Tripier, professeur à la Faculté de médecine, est mort brusquement dans la nuit de samedi à dimanche.

La veille, il avait fait son cours comme d'habitude, et il rentrait le soir chez lui un peu indisposé.

Dans la nuit, il éprouva de violentes douleurs : vainement,

son frère, M. le docteur Raymond Tripier, lui prodigua ses soins ; il ne tarda pas à rendre le dernier soupir.

Jusqu'au dernier moment, M. Léon Tripier a conservé sa connaissance, et il a demandé qu'on fît son autopsie.

M. Léon Tripier était âgé de 49 ans.

L'autopsie du docteur Léon Tripier a été faite hier soir. Elle a démontré qu'il avait succombé à une angine de poitrine.

(*L'Express de Lyon*, du 8 décembre 1891.)

*
* *

Nous l'avons dit hier en quelques lignes, c'est une des plus pures gloires de l'école lyonnaise qui disparaît avec M. Léon Tripier. Ses derniers moments ont été ceux d'un sage ; au milieu de cet entourage de parents et d'amis que le désespoir affolait, jusqu'à la dernière minute il a conservé ce calme, cette sérénité dans la mort que le poète dit, avec raison, être l'apanage de l'homme probe. Avec une lucidité d'esprit que les lypothymies répétées qui ont enfin triomphé de sa forte nature parvenaient seules à interrompre, il a dicté aux siens ses recommandations suprêmes. Une seule chose paraissait inquiéter ce savant de race : la nature et l'étrangeté du mal qui le terrassait.

Conformément aux vœux du mourant, le docteur Bard a procédé dans l'après-midi à l'autopsie. D'après l'honorable professeur agrégé, Léon Tripier a succombé à des crises subintrantes d'angine de poitrine.

Tout ce que Lyon compte d'illustrations dans les arts, les belles-lettres et les sciences, a défilé dans la journée d'hier dans l'appartement de la place des Cordeliers.

Ce matin, à neuf heures et demie, auront lieu les obsèques civiles du regretté Léon Tripier. Conformément à ses volontés dernières aucun discours ne sera prononcé sur sa tombe.

(*Le Progrès de Lyon* du 8 décembre 1891).

*
* *

Les obsèques civiles du regretté docteur Léon Tripier auront lieu ce matin mardi, à 9 heures 3/4. Le cortège se réunira place des Cordeliers, n° 5. L'inhumation aura lieu au cimetière de Sainte-Foy-lès-Lyon.

L'autopsie du corps a été faite hier à trois heures, conformément au désir formel exprimé par M. Léon Tripier avant de mourir, par M. le docteur Bard, assisté du docteur Gangolphe, agrégé à la Faculté, et de M. Bonnet, interne des hôpitaux, en présence de MM. les professeurs Crolas et Hugounenq.

Nous pouvons ajouter que les obsèques civiles ont lieu sur la demande expresse qui en a été faite par le mourant. Suivant ses dernières volontés, aucun discours ne sera prononcé sur la tombe.

(*Lyon Républicain* du 8 décembre 1891).

*
* *

Les obsèques eurent lieu le 8 décembre 1891. Pour donner une idée de leur caractère, nous laisserons la parole aux organes de la presse politique locale.

*
* *

Le *Progrès* du 9 décembre 1891 a publié l'article suivant :

Hier, à dix heures du matin, ont eu lieu les obsèques du regretté docteur Léon Tripier.

En exprimant aux siens ses dernières volontés, l'éminent chirurgien leur avait recommandé d'apporter à ses obsèques la plus grande simplicité; il avait demandé aussi qu'aucun discours ne fût prononcé sur sa tombe. Ces suprêmes désirs ont été respectés; un simple drap mortuaire, sur lequel on avait placé la robe et la toque du professeur, recouvrait le cercueil; au cimetière, aucune voix ne s'est élevée pour rappeler le vide que la mort prématurée du savant praticien laisse dans les rangs de ses collègues, pour dire ce que furent les vertus privées et les qualités civiques de celui dont tant d'amis et de républicains pleureront longtemps la perte.

Mais ce qui a donné aux funérailles de Léon Tripier un caractère émouvant et imposant, c'est la foule considérable qui lui a fait cortège. Tout ce que Lyon compte de personnalités dans le monde des sciences, des arts, du commerce et de l'industrie, avait tenu à l'accompagner à sa dernière demeure.

A partir de neuf heures, les abords du domicile mortuaire, la place des Cordeliers et les quais voisins, sont encombrés par la foule et par les nombreux amis du défunt. Bientôt la circulation devient impossible; on a toutes les peines du monde à se frayer un passage pour arriver jusqu'à la maison mortuaire.

Il est regrettable que l'on n'ait pas songé à établir un service d'ordre, afin de dégager la chaussée et de laisser au cortège la facilité de se former, mais n'insistons pas sur cet oubli.

En attendant l'heure du départ, les professeurs des diverses Facultés, en robe, ainsi que les amis intimes du défunt, se sont réunis dans la chambre mortuaire, toute encombrée de couronnes et de fleurs.

L'assistance est de plus en plus compacte; parmi les notabilités présentes, nous relevons les noms suivants :

MM. le docteur Gailleton, maire de Lyon; Gravier, secrétaire général ponr l'administration, représentant M. Rivaud, absent; Lortet, doyen de la Faculté de médecine; les professeurs Gayet, Ollier, Rollet, Monoyer, Lépine, Renaut, Bondet, Pierret, Soulier, Crolas, Lacassagne, Cazeneuve, Poncet, Morat, J. Teissier, Testut, Arloing, Laroyenne, Perret, Poullet, Beauvisage, Florence et Hugounenq, de la Faculté de médecine; MM. les agrégés Augagneur, Bard, Chandelux, Didelot, Jaboulay, Lannois, Vialleton, Linossier, Levrat, Pollosson, Rodet, Sabatier, Weill, Roque, Gangolphe.

MM. Charles, recteur de l'Académie; Fontaine, doyen de la Faculté des lettres; Caillemer, doyen de la Faculté de droit; Sicard, doyen de la Faculté des sciences: Fochier, procureur général; Chabrières-Arlès, trésorier-payeur général; Faure et Péteaux, professeurs à l'Ecole vétérinaire; Cambefort, administrateur des hospices; Pugeault, vice-président du tribunal civil; Cuaz, conseiller à la Cour d'appel; Nolot, président, et Bouflier et Clapot, membres du Conseil général; Lang, directeur de la Martinière; Charles Mengin, rédacteur en chef, et Georges Berthoulat, rédacteur au *Progrès;* Rossigneux, Bouillin, adjoints au maire de Lyon; Bouvier, conseiller municipal; Bouvet, administrateur de la Martinière; Icard, bibliothécaire de la Faculté de médecine; Bleton, secrétaire du palais des Arts; Bertagne, proviseur du lycée de Lyon; Lackmann, professeur à la Faculté des sciences; Saunier, conseiller général de l'Isère; les peintres de Coquerel, Guiguet, Glénat; le sculpteur Pagny, etc., etc.

L'Association générale des étudiants est représentée par son président et son vice-président et par un grand nombre de ses membres. Les élèves de l'Ecole des beaux-arts sont venus aussi en grand nombre aux obsèques du docteur Tripier qui a été professeur d'anatomie à cette école. Nous remarquons également dans l'assistance les membres de la société *Le Dauphiné*, dont le défunt faisait partie. Inutile d'ajouter que la plupart des médecins lyonnais étaient venus se joindre au cortège du maître.

Parmi les couronnes, on remarquait beaucoup celle offerte par les élèves de l'Ecole des beaux-arts, toute en violettes; celle des internes, avec cette inscription : « Les internes des hôpitaux de Lyon, à notre maître Léon Tripier », et enfin la couronne, en immortelles, de l'Association des étudiants.

A dix heures et quelques minutes a lieu la levée du corps. Les honneurs militaires sont rendus au défunt, qui était chevalier de la Légion d'honneur, par un piquet du 157e de ligne. Le convoi se met ensuite en marche dans l'ordre suivant :

Devant le cercueil marchent les appariteurs de la Faculté de médecine et les porteurs de couronnes. Les cordons du poêle étaient tenus par MM. Gayet et Mayet, professeurs à la Faculté de médecine; Détroyat, administrateur des hospices; Vallin, directeur de l'Ecole de santé militaire; Lortet, doyen de la Faculté de médecine, et Hédin, directeur de l'Ecole des Beaux-Arts.

Le deuil était conduit par le docteur Raymond Tripier, frère du défunt. Sa douleur fait peine à voir : il affectionnait profondément son frère et pleure abondamment. Il est entouré de son beau-frère, M. Sarrazin, de son neveu, M. Cohendy, professeur à la Faculté de droit, et du docteur Bouchard, membre de l'Institut, professeur à la Faculté de médecine de Paris. Le docteur Bouchard est depuis de longues années l'ami de la famille Tripier.

Derrière les membres de la famille viennent : les professeurs des diverses Facultés, en robe : les professeurs du lycée de Lyon, une délégation des élèves de l'Ecole de santé militaire, les membres de l'Association générale des étudiants, précédés de leur drapeau cravaté de noir ; la délégation du conseil d'administration et du personnel des hôpitaux, les membres de la société le Dauphiné, les élèves de l'Ecole des beaux-arts.

C'est au milieu d'une foule considérable et respectueuse que le cortège a suivi la rue de la République, la place Bellecour, la rue Louis-le-Grand et le pont Tilsitt, pour se rendre à Sainte-Foy-lès-Lyon, où a eu lieu l'inhumation.

Nous ne saurions évaluer, même approximativement, le nombre des amis qui ont accompagné M. Léon Tripier à sa dernière demeure ; la tête du convoi était déjà vers le milieu de la place Bellecour que le défilé sur la place des Cordeliers n'était pas achevé.

Fidèle aux convictions de toute sa vie, le savant docteur avait formellement exprimé avant de mourir sa volonté d'être enterré civilement. Son cercueil a donc été conduit directement au cimetière.

La cérémonie funèbre terminée, les assistants se sont retirés profondément émus de la fin si soudaine de celui dont le nom restera comme une des gloires de l'Ecole chirurgicale lyonnaise.

Voici maintenant les articles consacrés à cette cérémonie par le *Lyon Républicain*, l'*Express de Lyon* et le *Courrier de Lyon :*

On peut dire que tout Lyon assistait aux funérailles du distingué professeur de clinique chirurgicale dont nous avons eu le regret il y a deux jours d'annoncer la mort.

Tous les amis que comptait M. Tripier — et ils s'appellent foule — s'étaient donné rendez-vous pour accompagner jusqu'à la demeure dernière sa dépouille mortelle. Trois mille personnes au moins figuraient dans le cortège. Pour les citer, il nous faudrait prendre le Gotha des célébrités lyonnaises.

Contentons-nous de nommer : MM. Fochier, procureur général ; Gailleton, maire de Lyon ; Gravier, secrétaire général ; Nolot, président du Conseil général ; Bouffier et Clapot, conseillers généraux ; M. Charles, recteur ; M. Lortet, doyen de la Faculté de médecine, et le corps médical enseignant au complet, des délégations des autres Facultés : de la Faculté des lettres avec M. Fontaine, doyen, de celle des sciences avec M. Sicard, de celle de droit avec M. Caillemer ; tous ces messieurs vêtus de la robe d'apparat ; puis des délégations de l'Ecole de santé, sous la direction de M. Vallin, de l'Association des étudiants et de l'Ecole des beaux-arts où le regretté défunt était professeur d'anatomie.

Citons encore : MM. Hirsch, architecte de la ville, André, Echernier, Détroyat, Saunier, Mouisset, Théral, Cuaz, Pugeault, Pagny, de Coquerel ; MM. Thivollet, Faure, Bœuf, conseillers municipaux : un très grand nombre de docteurs, etc.

Le défunt étant chevalier de la Légion d'honneur, les honneurs funèbres lui ont été rendus par un piquet du 157e de ligne.

Le deuil était conduit par le frère du défunt, M. Raymond Tripier, et son beau-frère, M. Sarrazin.

Suivant la volonté formelle exprimée avant de mourir par le défunt, les obsèques étaient purement civiles.

En tête du cortège étaient portées les nombreuses couronnes offertes par les collègues, les amis, les internes des hôpitaux, les professeurs et les élèves de l'Ecole des Beaux-Arts et l'Association des étudiants dont le drapeau était voilé d'un crêpe.

Sur le cercueil qui disparaissait sous les fleurs, avaient été placées la robe et la toque de professeur que M. Léon Tripier porta avec tant d'honneur et de dignité.

Les cordons du poêle étaient tenus par MM. les docteurs Lortet, Gayet, Vallin, directeur de l'Ecole de Santé ; Hédin, directeur de l'Ecole des Beaux-Arts ; Détroyat, administrateur des hospices.

Le convoi a suivi la rue de la République, la place Bellecour, les quais de la Saône et s'est rendu à Sainte-Foy par la montée de Choulans.

C'est dans le cimetière de cette commune qu'a eu lieu l'inhumation. Aucun discours n'a été prononcé.

Néanmoins, M. Lortet n'a point voulu laisser refermer la tombe sans dire un dernier adieu au savant, au philanthrope, à l'ami et à l'homme de bien qui part emportant l'estime et les regrets de tous.

Tous les assistants ont su gré à l'honorable doyen de la Faculté de médecine de s'être fait leur interprète.

(*Lyon Républicain* du 9 décembre 1891),

*
* *

Hier matin ont eu lieu les obsèques du docteur Tripier, professeur de clinique chirurgicale à la Faculté de médecine. On remarquait derrière le cercueil les professeurs des Facultés en robe : le général Raynal de Tissonnière, plusieurs officiers d'état-major ; des représentants de l'administration et des corps élus ; de nombreux étudiants.

Le cortège s'est rendu au cimetière de Sainte-Foy-lès-Lyon.

(*L'Express de Lyon* du 9 décembre 1891).

*
* *

C'est hier qu'ont eu lieu les magnifiques funérailles de Léon Tripier. Ce philosophe attristé qui n'avait pas voulu qu'on troublât le repos de son dernier voyage par des discours académiques ou par des cérémonies d'un culte auquel il ne croyait pas, a pu entendre derrière son cercueil le bruit d'une foule immense, inouïe. Le cortège était déjà de l'autre côté de la Saône, qu'il se formait encore sur la place des Cordeliers. Il y avait là tous ceux qui aimaient l'homme, tous ceux qui admiraient le savant, tous ceux qui voulaient témoigner leur respect et leur reconnaissance à cet apôtre de la science nouvelle, — pour mieux dire, la ville entière.

Les cordons du poêle étaient tenus par MM. Vallin, directeur de l'Ecole de santé militaire ; Ollier et Gayet, professeurs ; Lortet, doyen de la Faculté de médecine et de pharmacie ; Hédin, directeur de l'Ecole des Beaux-Art ; Détroyat, administrateur des hospices.

Le deuil était conduit par M. Raymond Tripier ; son beau-frère, M. Sarrazin et M. Cohendy, professeur à la Faculté de droit, son neveu.

Dans le cortège, nous relevons les noms de MM. Nolot, président du Conseil général ; Clapot et Bouffier, conseillers généraux ; Gailleton, maire ; Rossigneux, Bouillin, Bouvier, adjoints et de nombreux conseillers municipaux ; les doyens et un grand nombre de professeurs de toutes les Facultés ; le corps des professeurs de la Faculté de médecine au grand complet, une délégation de l'Association des étudiants avec le drapeau voilé de crêpe.

MM. de Coquerel, Pagny, Guiguet, Glénat, Cambefort, Icard, bibliothécaire à la Faculté de médecine, etc., etc.

Les honneurs militaires étaient rendus par un piquet du 157ᵉ régiment d'infanterie. Le cortège, parti de la place des Cordeliers, a suivi la rue de la République, la place Bellecour et s'est dirigé sur le cimetière de Sainte-Foy-lès-Lyon où a eu lieu l'inhumation.

C'était, autour du cercueil de l'éminent professeur, une avalanche de fleurs et de couronnes. J'en ai compté plus de vingt, plus de trente... je me suis lassé de les suivre du regard. Il y en avait de superbes ; celle des étudiants était monumentale. Il y en avait de plus modestes et parmi celles-là, — s'il y a chez les morts aimés un lien mystérieux qui les attache encore à ceux qui les pleurent — parmi celles-là, quelques-unes ont certainement exhalé leur parfum jusqu'aux régions ignorées où comme dit le poète ancien « errent mélancoliquement les pâles ombres ».

(*L'Echo de Lyon* du 9 décembre 1891).

La grande presse parisienne a également enregistré la perte considérable éprouvée par Lyon. Nous reproduisons ci-dessous une notice publiée par le *Temps* dans sa nécrologie :

Ce matin ont eu lieu, au milieu d'une énorme affluence, les obsèques de M. le docteur Tripier, professeur de clinique chirurgicale à la Faculté de médecine de Lyon, dont nous avons annoncé la mort subite ces jours derniers.

Interne, puis assistant de M. Ollier, à l'époque où ce chirurgien éminent faisait ses premiers travaux sur le périoste, M. L. Tripier s'était consacré d'abord à l'étude de l'anatomie pathologique, pour laquelle il fit des stages à l'étranger, puis à la physiologie expérimentale dans le laboratoire de M. Chauveau. Il publia, à cette époque d'importants travaux, en collaboration avec M. Arloing, sur le système nerveux périphérique, travaux qui leur valurent le prix de physiologie expérimentale à l'Académie des sciences. Aussi fut-il question, à un certain moment, de M. Tripier pour occuper soit une chaire de physiologie, soit une chaire d'anatomie pathologique hors de Lyon.

A la création d'une Faculté de médecine dans cette ville, il fut chargé d'organiser l'enseignement de la médecine opératoire, tâche dont il s'acquitta avec une grande distinction. Quelques années plus tard, il était, sur sa demande, nommé à une chaire de clinique chirurgicale et devenait, de ce fait, le collègue de son premier maître. Admirablement préparé pour ces nouvelles fonctions, il y déploya un zèle exceptionnel et une science consommée qui ne tardèrent pas à lui assurer un grand et légitime succès. Pendant son passage dans cette chaire, il travailla beaucoup au progrès des méthodes antiseptiques dans le milieu lyonnais et à l'amélioration des procédés opératoires autoplastiques appliqués à la restauration des différentes parties du visage.

M. L. Tripier était âgé de quarante-neuf ans. Il était chevalier de la Légion d'honneur, président de la Société des sciences médicales de Lyon, correspondant des Sociétés de chirurgie, de biologie et de la Société anatomique.

(*Le Temps* du 10 décembre 1891).

Comme on l'a vu dans les extraits de la presse lyonnaise, M. Lortet, doyen de la Faculté de médecine, n'a pas voulu laisser refermer la tombe de Léon Tripier sans lui adresser au moins un adieu. Au milieu d'une foule recueillie, il s'est avancé et a prononcé les paroles très émues que nous allons reproduire :

Allocution de M. Lortet, doyen de la Faculté de médecine, aux obsèques du professeur Léon Tripier.

Messieurs,

Notre collègue et ami a manifesté le désir formel qu'aucun discours ne fût prononcé sur sa tombe.

Je ne veux point manquer à la parole donnée, mais je crois cependant être l'interprète des sentiments qui animent tous ceux qui sont ici en adressant un dernier adieu à celui dont notre Faculté était si justement fière, à l'ami dévoué et loyal, à l'homme de cœur qui savait si généreusement — sans compter — donner son temps, ses forces et sa vie, afin de soulager les souffrances des autres.

Au nom de la Faculté de médecine, de l'Université de Lyon tout entière, de tes élèves que tu savais si bien animer de ton souffle ardent, reçois notre suprême adieu ! — Mon ami, toi qui jusqu'à la dernière heure as su rester le disciple fidèle du devoir, et dont la vie de travail et de sacrifice est un exemple pour nous tous.

Adieu, mon ami, adieu et au revoir!

Si aucun discours retraçant la vie et la carrière de Léon Tripier ne fut prononcé sur sa tombe, selon sa volonté formelle, plusieurs notices lui furent consacrées dans les journaux politiques, littéraires et médicaux.

Ainsi, dès le 9 décembre 1891, le *Progrès* donnait à ses lecteurs les lignes suivantes :

*
* *

Un des anciens élèves de Léon Tripier, arrivé aujourd'hui à une haute situation dans le monde médical, nous communique la notice ci-dessous, que nous insérons volontiers comme un hommage pieux rendu à la mémoire du regretté défunt.

Léon Tripier vient d'être enlevé prématurément à la science. Il occupait une des plus hautes chaires de la Faculté de médecine : celle de clinique chirurgicale ; il était en même temps professeur d'anatomie à l'Ecole des Beaux-Arts et chevalier de la Légion d'honneur.

Il laisse des travaux scientifiques dont les plus importants sont : sa thèse inaugurale sur le cancer de la colonne vertébrale ; ses recherches sur la sensibilité récurrente et sur les nerfs de la main ; ses expériences sur le tétanos et le rachitisme ; ses travaux sur les restaurations de la face ; de remarquables articles dans le *Dictionnaire encyclopédique des sciences médicales.*

Le savant sera apprécié par le monde médical, c'est l'homme que nous voudrions ici montrer.

Dès le début de ses études médicales, Tripier résolut de se donner à la science et de lui consacrer ses efforts. Pendant son internat (1862), il réussit déjà à se faire apprécier de ses camarades et de ses maîtres, qui le considéraient comme un de ceux qui devaient arriver aux plus hautes situations. Reçu docteur, il alla travailler à Paris dans le laboratoire de Claude Bernard ; à Berlin, chez Virchow ; à Halle, chez Volkmann. Après ces voyages, il revint à Lyon où il s'attacha comme élève assidu au professeur Ollier, dont il suivit pendant de nombreuses années l'exemple et les leçons.

Il concourut pour la place de chirurgien de l'Hôtel-Dieu, où malgré de brillants concours il ne fut pas nommé. Mais si la chance lui avait fait défaut dans cette lutte, ses maîtres n'avaient pas oublié ce concurrent de haute valeur, ce travailleur infatigable et obstiné qu'ils avaient vu à leurs côtés et dont ils avaient pu apprécier les sérieuses qualités. Aussi, quand en 1877, fut créée la Faculté de médecine de Lyon,

Léon Tripier fut-il chargé de l'enseignement de la médecine opératoire. Son passage à cette chaire mérite d'être signalé, car il nous montra combien étaient grands son amour du progrès scientifique, sa conscience et son dévouement.

Tripier aurait pu se contenter de faire pendant quatre mois de l'année, trois leçons d'une heure par semaine ; c'est ainsi qu'était compris jusqu'alors l'enseignement de la médecine opératoire. Cette tâche lui parut simple, il voulut faire mieux. Il avait compris qu'un enseignement théorique était insuffisant et qu'il fallait y joindre des exercices pratiques, il fallait que les élèves, dirigés par le maître et par des moniteurs, pussent pratiquer sur le cadavre les opérations qu'on leur avait enseignées. C'était une organisation nouvelle qui demandait du temps et de la peine.

Les travaux pratiques furent organisés : après chaque cours les élèves passaient à l'amphithéâtre où, divisés en séries, ils opéraient sous la direction des prosecteurs ou des aides d'anatomie. Tripier, pour donner l'exemple, dirigeait lui-même une série d'élèves : tous travaillaient sous ses yeux et il était toujours le dernier à quitter l'amphithéâtre. Les jours intermédiaires, il était encore sur la brèche, venant enseigner à ses aides ce qu'ils devaient répéter aux élèves. Ces cours et ces travaux pratiques remplissaient le semestre d'été. Pendant le semestre d'hiver, Tripier aurait pu se reposer ; mais non, il fallait faire des recherches d'anatomie, trouver des procédés nouveaux, préparer des planches ou des pièces qui devaient servir à l'enseignement ; aussi les après-midi se passaient encore à l'amphithéâtre. L'enthousiasme du maître, son entrain, son ardeur, encourageaient les aides qui l'entouraient et stimulaient leur zèle. Ainsi Tripier consacrait tout son temps pendant toute l'année, à une tâche qui n'exigeait, suivant les programmes, que trois heures de cours par semaine pendant quatre mois. Et tout ce travail était fait sans que le professeur en retirât d'autre bénéfice que d'avoir accompli son devoir tel qu'il l'avait compris. Cette organisation du service de la médecine opératoire, continuée par M. le professeur Poncet, est certainement un des titres de gloire de Léon Tripier.

En 1882, la chaire de clinique chirurgicale devint vacante,

Léon Tripier y fut nommé. Dans cette tâche nouvelle, il apporta la même diligence au travail, la même conscience de ses devoirs. C'était l'heure où la chirurgie se transformait sous l'influence des doctrines antiseptiques ; il fallait créer une organisation nouvelle, Tripier le fit avec la rigueur absolue que sa conscience exigeait. Il voulut introduire dans la chirurgie pratique les données scientifiques fournies par les recherches de laboratoire : les critiques et les ironies ne le touchaient pas, il voyait le but seulement, et il voulait la perfection. Il inventa le bain d'huile pour la désinfection des instruments, il fut des premiers à appliquer les étuves à la stérilisation des pièces de pansement. Il arriva à faire aussi bien que possible dans le local insuffisant où il opérait ; il rêvait l'organisation d'un service modèle, qu'il était en train d'organiser dans les nouveaux bâtiments de l'Hôtel-Dieu — le rêve ne sera pas réalisé pour lui.

L'enseignement de la clinique fut également transformé par ses soins et rendu plus pratique que théorique ; au lieu des leçons magistrales, il faisait venir un malade qu'un élève examinait devant lui. Tripier dirigeait cet examen, montrait du doigt et faisait toucher aux élèves les lésions et les signes des maladies. Quelle tâche de patience que de répéter ainsi à des débutants les signes des fractures, des tumeurs ou des abcès ! Mais la ténacité patiente était une vertu du maître ; il songeait sans doute aux malades qui seraient soignés plus tard par ces élèves qu'il formait. Les devoirs du chirurgien vis à vis des malades étaient absolus à ses yeux. Quand un élève avait négligé un pansement : « Auriez-vous fait ainsi, disait Tripier, s'il s'était agi de votre père ? » Peut-on dire d'une manière plus simple, plus belle et plus frappante quelle est la règle à suivre dans la profession médicale ?

Quand il s'agissait de proposer une intervention chirurgicale, Tripier se guidait sur les mêmes principes ; jamais il n'a cédé à la tentation de faire une opération brillante, une opération audacieuse dont on aurait parlé ; il ne jouait pas avec les existences confiées à ses soins. Ces qualités sont celles de la chirurgie française, mais Tripier les poussait à l'extrême. Il exigeait de ses aides la même rigueur, la même exactitude ; il cherchait dans sa tâche la perfection idéale, il la cherchait avec entrain, avec ardeur, parfois même avec emportement : mais nul ne lui gardait rancune des reproches subis ; on comprenait le motif et on cherchait à faire mieux. Dailleurs le service fini, Tripier devenait le camarade de ses aides : il montrait alors dans ses conversations tout le charme de sa nature artistique, de son cœur ouvert, de sa jeunesse de sentiment. Les affections de la famille, les liens de l'amitié, tels étaient les délassements où il venait chercher les consolations et le repos.

Une des qualités de Tripier était son attachement pour ses élèves : ceux qui travaillaient à ses côtés devenaient ses amis et pouvaient compter indéfiniment sur son appui bienveillant : il s'inquiétait d'eux, il se préoccupait de leur réussite, de leur avenir, et dans ce choix de ses élèves, Tripier ne fut jamais guidé par aucun intérêt personnel, ni par les opinions de ses protégés. De même qu'à ses yeux un malade avait droit à ses soins, de même un élève travailleur avait droit à sa protection et l'on peut ajouter, à son affection. Toute cette bienveillance, toute cette affection ne sont pas perdues : ses élèves la gardent dans leur cœur et si l'on peut dire dans l'avenir que Tripier fut un savant et fut un bon chirurgien, on pourra dire de lui quelque chose qui vaut encore mieux, c'est que ce fut un homme droit, un homme consciencieux, un homme bon.

(*Le Progrès* du 9 décembre 1891).

*
* *

Le 6 décembre 1891, une attristante nouvelle et bien inattendue se répandait dans notre ville. Le Dr Léon Tripier, venait de mourir d'une angine de poitrine, c'est-à-dire presque subitement, après quelques heures des plus cruelles souffrances, et sur l'issue desquelles le médecin ne saurait s'abuser lui-même.

Léon Tripier avait beaucoup donné. On attendait de lui encore davantage, car il avait devant lui, selon les prévisions humaines, de longues années de travaux. Enthousiaste de la science jusqu'au fond des moelles, heureux des affections de famille, de celle qu'il avait vouée à son frère, lui-même médecin très éminent, et qui était tellement payée de retour, il était surpris tout à coup, au milieu des succès, par l'irrémédiable.

Il s'était fait lui-même et n'avait pas rencontré en naissant une de ces situations faciles qui n'ajoutent rien à la valeur de l'homme, si l'homme n'a pas de valeur, mais qui ouvrent les accès. Il était, en 1862, dans l'internat de nos hôpitaux, cette pépinière de nos physiologistes et chirurgiens, et M. le professeur Ollier, qui devina tout de suite ce que valait Tripier, lui consacra son amitié et sa protection. Pourvu de fortes études scientifiques et reçu docteur, il eut le courage d'entreprendre et de poursuivre l'étude de l'allemand au point de pouvoir aller à Berlin suivre les cours de Virchow, qui jouissait d'une grande réputation et passait pour le chef d'une école nouvelle alors et depuis remplacée par l'école fondée sur les doctrines microbiennes. Il étudia aussi à Halle, chez Volkmann. Déjà il avait passé par le laboratoire de Claude Bernard. En chirurgie il fut le disciple de M. Ollier. L'élève a fait honneur au maître.

En 1870, il partit pour l'ambulance de l'armée de l'Est, sous la direction de M. Ollier. Il faillit y périr d'une inflammation septique de l'avant-bras, suite d'une piqûre anatomique.

Il aborda deux fois nos concours. La seconde fois, c'était en mars 1873, dans un concours pour le majorat de l'Hôtel-Dieu, et dont l'éclat a laissé de vifs souvenirs. Le concours eut pour conclusion la nomination du Dr Daniel Mollière, lui aussi mort si jeune. Mais Tripier n'en laissait pas moins chez ses juges et ses auditeurs l'impression d'une haute valeur, et l'on n'attendait que l'occasion de lui fournir les moyens de la déployer.

Il fut sur le point de quitter Lyon, appelé à une chaire étrangère. Ce projet ne fut pas mis à exécution, et lorsque, en 1877, fut créée la Faculté de médecine, il fut chargé du cours de médecine opératoire, puis nommé titulaire. Il allait pouvoir donner sa mesure.

Dans cette chaire, il montra la plus grande conscience, le plus grand zèle, à côté de la plus grande capacité. A cette organisation, qui était tout entière à créer, Tripier s'appliqua avec son énergie accoutumée. C'est ainsi que, son cours terminé, il faisait passer ses élèves à l'amphithéâtre. Là, ils opéraient sous la direction des prosecteurs et des aides d'anatomie. Le professeur lui-même dirigeait un des groupes, et tous travaillaient sous ses yeux. On comprend la fécondité d'un enseignement ainsi donné. Comme le disait excellemment un de ses confrères, l'enthousiasme du maître gagnait ses collaborateurs. C'est ainsi qu'avec un dévouement sans bornes, il consacrait tout son temps, pendant toute l'année, à une tâche qui n'exigeait, suivant les programmes, que trois heures de cours par semaine pendant quatre mois.

En 1882, la chaire de clinique chirurgicale étant devenue vacante, il en fut nommé titulaire, et dans cette tâche nouvelle et agrandie, il apporta la même diligence, la même conscience de ses devoirs, la même patience organisatrice. Extrêmement soigneux de ses malades et attentif, on rapporte de lui ce mot typique à un élève qui avait effectué un pansement avec quelque négligence : « Est-ce ainsi que vous auriez pansé votre père ? »

Ce n'est pas ici le lieu de parler de ses travaux scientifiques. Mentionnons seulement sa thèse inaugurale sur le cancer de la colonne vertébrale ; ses recherches sur la sensibilité récurrente, qui appelèrent singulièrement l'attention lors de la communication à l'Académie ; ses recherches sur les nerfs de la main, sur le nerf pneumogastrique ; ses expériences sur le rachitisme, sur le tétanos ; ses travaux sur la restauration de la face ; ses articles dans le *Dictionnaire encyclopédique des sciences médicales*. La plupart de ses recherches physiologiques furent faites avec la collaboration de M. Arloing, aujourd'hui directeur de notre Ecole vétérinaire et correspondant de l'Institut.

Nommé professeur d'anatomie à l'Ecole des Beaux-arts lors de sa réorganisation, il y a il a plus de vingt ans, il ne cessa pas de remplir ses fonctions avec l'exactitude et l'ardeur qu'il apportait à toutes choses.

Quoiqu'il fût de grande taille, bien découplé, quoiqu'il fût infatigable au travail, une certaine nervosité, une certaine inquiétude, la passion apportée aux idées et aux opinions, aussi bien que ses grands yeux noirs mobiles et animés, décelaient un tempérament où, suivant l'expression vulgaire, la lame usait le fourreau. Sans doute une vie calme et reposée lui eût promis de plus longs jours. Mais, s'il eût eu le choix, il eût certainement préféré une vie courte et remplie par la science. Tel fut son lot.

LA RÉDACTION

(Revue du Siècle).

(Journal littéraire publié à Lyon)

La *Province Médicale* du 12 décembre et le *Lyon Médical* du 13 décembre 1891 publiaient, encadrés de noir, les deux articles que nous allons reproduire comme l'expression la plus éclairée et la plus sincère des qualités et du caractère de Léon Tripier :

*
* *

Le corps médical et la Faculté de Lyon viennent de faire une perte plus sensible que tout autre : Léon Tripier a succombé en quelques heures, dimanche dernier, 6 décembre, à un accès d'angine de poitrine. Tous ceux qui avaient connu d'un peu près le maître qui vient de disparaître, seront unanimes dans l'expression de leurs regrets, comme ils l'ont été dans les témoignages de douloureuse sympathie qu'ils ont apportés à son frère désolé. La *Province Médicale* compte parmi ses rédacteurs ordinaires de nombreux élèves du professeur Tripier, et celui qui signe ces lignes se rappellera toujours qu'il a été le premier de ses chefs de clinique, quand il fut nommé professeur de clinique chirurgicale. C'est dire quelle part prend notre journal dans l'affliction commune, et qu'il considère comme un devoir de reconnaissance de dire un dernier adieu à celui qui a été si brutalement ravi à l'amitié de quelques-uns et à l'estime de tous.

Je n'énumérerai pas ici les titres scientifiques de Léon Tripier. Tout le monde connaît ses remarquables recherches sur la physiologie des nerfs, poursuivies en commun avec le professeur Arloing, recherches qui ont fait époque, et avaient valu à leurs auteurs un prix de l'Institut. Ces travaux de physiologie, par leur exactitude minutieuse, leur allure patiente et consciencieuse portent la marque des qualités qui distinguèrent toujours Léon Tripier. On peut dire de lui qu'il fut la conscience même, sur le terrain scientifique comme dans la vie privée. Il se croyait obligé d'acquérir toutes les connaissances utiles à l'art qu'il pratiquait, ne voulant aborder un sujet que muni de tous les documents qui s'y rapportaient.

A une époque où l'histologie pathologique était à peine connue et encore moins étudiée en France, il s'imposa le sacrifice d'un voyage en Allemagne, et d'un séjour dans le laboratoire de Virchow, afin d'apprendre ce que les écoles de la patrie ne pouvaient lui enseigner. Il eut toujours cette préoccupation de recueillir à leurs sources mêmes les renseignements sur les sujets nouveaux. A peine nommé à la clinique chirurgicale, il reprit le chemin de l'Allemagne pour examiner sur place l'organisation des salles de pansement d'après les méthodes antiseptiques : pendant des semaines il se fit élève, ne dédaignant aucun détail, notant tout, observant tout. Puis revenu à Lyon, il employa toute l'énergie, toute la ténacité dont il était capable à faire bénéficier les opérés des progrès dont il avait rapporté les méthodes.

Le grand titre de Léon Tripier à la reconnaissance des malades et des chirurgiens, c'est qu'il a définitivement implanté à Lyon la pratique antiseptique.

Avant lui, certainement, il y avait eu des publications, des tentatives d'invention dues à quelques-uns de nos compatriotes, mais personne n'avait comme lui, avec une ardente conviction, fait table rase des errements du passé, et appliqué ce qu'il avait vu ailleurs avec une complète abnégation de ses propres idées ou de celles de ses maîtres.

Pour moi, qui ai été le témoin et le collaborateur en sous-ordre de ses premiers efforts, je me remémore toujours avec admiration le zèle, la bonne foi, déployés dans son enseignement, son respect absolu des intérêts des malades confiés à ses soins, son indignation et son désespoir quand, au milieu des tâtonnements du début, quelque accident survenait, imputable à la mauvaise organisation des services de chirurgie.

Aujourd'hui, dans tous nos hôpitaux, les amphithâtres ont

été transformés. Il y a dix ans, presque jour pour jour, Léon Tripier prenait possession de son service de clinique, et, dès son arrivée, donnait le plan d'une salle d'opération dont le modèle a inspiré tous ceux adoptés depuis lors. Le véritable titre de gloire de Léon Tripier, je le répète, sera d'avoir été l'initiateur des procédés antiseptiques à Lyon.

Et vraiment, c'était à lui que devait revenir ce rôle. Nul chirurgien n'a porté plus loin que lui la probité professionnelle, le soin de la vie humaine ; il devait, avant tout autre, adopter et préconiser une méthode qui épargne tant d'existences.

Dans le corps médical lyonnais, Léon Tripier pouvait avoir des adversaires, comme tous ceux qui n'ont pas l'habitude de dissimuler leur pensée : certains pouvaient ne pas l'aimer, tous l'estimaient. Nul caractère n'eut plus de franchise et de loyauté ; il fut toujours au-dessus des calculs de l'intérêt et de ces intrigues dont la clientèle est trop souvent le but, et auxquels cèdent parfois des hommes que leur valeur intellectuelle et leur situation devraient exempter de semblables faiblesses.

Aussi, en l'accompagnant au cimetière, nous ne regrettions pas tant le chirurgien éminent que l'homme de cœur. Une société sera toujours assurée de rencontrer des praticiens habiles ; elle est moins certaine de compter constamment parmi ses membres des hommes qui, comme Léon Tripier, laissent le fier souvenir d'une vie faite d'une seule pièce, sans aucune compromission, de quelque nature qu'elle soit.

Victor Augagneur.

(La *Province Médicale* du 12 décembre 1891).

***

Les morts vont vite dans la famille médicale lyonnaise Une tombe est à peine fermée qu'une autre déjà est ouverte. Celui que nous pleurons aujourd'hui avait l'âme haute et fière. Cœur franc et loyal avant tout, ses amis, ceux qui l'ont approché savaient une chose, c'est que sa parole une fois donnée on pouvait s'y fier. C'était l'homme du devoir et du dévoûment.

Nature éminemment artistique et généreuse, il était passionné pour tout ce qui était beau et grand. il adorait les arts et aimait les artistes autant qu'il en était aimé. Tous les instants qu'il ne consacrait pas à son service de clinique. à ses malades, étaient réservés à la musique, à la peinture, à la sculpture, tout ce qui réalise et fixe l'idéal.

Mais ses malades de l'hôpital avant tout étaient l'objet de sa constante sollicitude. Apôtre convaincu de l'antisepsie, il en fut à Lyon le promoteur et le vulgarisateur.

L'hôpital, — sa vie était là. Celui qui écrit ces lignes pourrait mieux que personne en témoigner, s'il était nécessaire. Car il l'a vu à l'œuvre, ce chirurgien passionné, pendant plusieurs voyages faits à ses côtés et à l'étranger. De huit heures du matin à deux heures de l'après-midi nous étions à l'hôpital. Tripier voyait, examinait, étudiait, scrutait à fond tout ce qui. — de quelque nationalité que l'idée émanât, quelque nom qui l'eût patronnée, — lui semblait réaliser un progrès pour le bien des malades. Le reste de la journée appartenait aux explorations dans le champ de la mécanique chirurgicale, heureux si, à force de recherches, il avait mis la main sur un instrument, un appareil encore inconnus chez nous et susceptibles de répondre à quelque indication qui à l'instant avait surgi dans sa pensée. Sa devise était : Toujours mieux faire.

C'est dans ces longues heures passées à l'étranger, loin des siens, de ses amis, de ses relations, dans la vie alors si étroitement unie, que l'on apprend à se connaître et à connaître les replis les plus cachés du cœur. Eh bien ! c'est à ces heures privilégiées que j'ai pu apprécier toutes les qualités de l'homme dévoué, de l'ami sûr et constant dont la cruelle disparition nous impose aujourd'hui de si longues heures d'amers et fidèles regrets.

Un autre dira dans ses éloquents détails la carrière si studieuse, si bien remplie du professeur de clinique chirurgicale. Mais nous tenions à envoyer, au nom des membres du Comité du *Lyon Médical*, à son malheureux frère, à sa famille si douloureusement atteinte, l'expression de notre vive et profonde sympathie.

Chez nous de telles existences ont leur consécration populaire immédiate. On a pu en juger par l'imposant éclat des funérailles où se pressait une affluence d'obligés de tout ordre, d'élèves, de clients ; où, parmi ses collègues et émules, parmi tout ce que Lyon compte de représentants des sciences, avait tenu à figurer, l'un des nôtres aussi celui-là, quoi qu'il soit devenu une sommité parisienne, dont la présence à cette solennité, en apportant à l'ami pleuré l'hommage le plus digne de lui, restera la plus touchante consolation des amis qui survivent.

(*Lyon Médical* du 13 décembre 1891).

La presse médicale parisienne, notamment la *Revue de Chirurgie*, la *Gazette hebdomadaire de Médecine et de Chirurgie*, le *Progrès médical*, la *Gazette des Hôpitaux* voulurent aussi rappeler les titres scientifiques de Léon Tripier. Nous transcrivons les articles qui leur furent consacrés par les trois premiers journaux :

*
* *

L'Ecole de Lyon, la chirurgie française viennent de faire une grande perte. Léon Tripier, professeur de clinique chirurgicale à la Faculté de médecine de Lyon, vient de mourir à l'âge de 49 ans, en pleine activité. Un travail incessant, une grande conscience, du dévouement, du désintéressement, font qu'il a marqué sa place d'une manière remarquable.

La carrière de Léon Tripier commence en 1862, année où il fut nommé aide d'anatomie et interne des hôpitaux de Lyon : dès ce moment il se signale par de nombreuses recherches, par des travaux qui portent l'empreinte du meilleur esprit scientifique et sont les preuves d'un labeur continu.

Elève des éminents professeur Ollier et Chauveau, il devient l'ami et le collaborateur d'Arloing. Il compléta son instruction médicale en allant travailler à Paris, où il fréquente le laboratoire de Claude Bernard : à Berlin, où il suit Virchow,

Langenbeck, de Grœfe; à Halle, où il étudie avec Volkmann. Ainsi armé et préparé à jouer son rôle dans la marche en avant que suit la chirurgie et dans la vulgarisation des doctrines nouvelles, il était en mesure de remplir dignement les fonctions qu'on allait lui confier à la Faculté de médecine de Lyon.

Il a eu comme tant d'autres, à chercher sa voie et à lutter, mais il n'a jamais cessé de travailler et de poursuivre le progrès scientifique. L'avenir lui a prouvé qu'il avait sagement fait en ne se laissant pas arrêter par les difficultés et les déboires. Il avait pour lui l'estime de ses maîtres, l'opinion de ses amis et élèves et aussi la conscience de lui-même.

En 1877, il est nommé professeur de médecine opératoire à la Faculté de médecine de Lyon, où il organise l'enseignement sur de nouvelles bases; non seulement il fait son cours, mais tous les jours il dirige lui-même les élèves, avec la collaboration d'aides qu'il s'est donné la tâche de former. Lorsqu'en 1882, il fut nommé professeur de clinique chirurgicale, il apporta le même esprit dans ses nouvelles fonctions. On était au début de l'introduction de la méthode antiseptique en France; et ses études antérieures l'avaient, nous l'avons dit, préparé pour l'appliquer et l'enseigner. Il montra encore dans cette tâche nouvelle son enthousiasme et son activité, et ne négligea pas d'entrer dans tous les détails et d'en poursuivre journellement l'application. Il entreprit aussi une série de réformes destinées à assurer l'observation exacte des règles de l'antisepsie d'abord, et plus tard de l'asepsie, dont un des premiers parmi les chirurgiens français il chercha à montrer les avantages. C'est grâce à cette méthode qu'il débarrassa son service de la septicémie gangréneuse.

Il chercha l'asepsie des instruments par la chaleur en les mettant dans un bain d'huile porté à la température de 120 à 130°. Les pièces de pansement étaient stérilisées à l'autoclave.

Ses préceptes de chirurgie antiseptique, très précis, sont consignés dans l'ouvrage d'un de ses élèves et amis, le Dr Gangolphe.

Tripier a laissé de nombreux travaux scientifiques; nous ne pouvons en signaler que quelques-uns: sa thèse inaugurale sur le cancer de la colonne vertébrale, ouvrage classique ; ses recherches sur la sensibilité récurrente et sur les nerfs de la main ; ses expériences sur le tétanos et sur le rachitisme ; ses travaux sur les restaurations de la face, dont il y a quelques mois la *Revue de chirurgie* publiait le dernier ; de remarquables articles dans le *Dictionnaire encyclopédique des sciences médicales*. Il n'y a pas d'année où il n'ait publié quelque travail, ou inspiré quelque thèse à des nombreux élèves.

Tripier était encore professeur d'anatomie à l'École des Beaux-Arts, depuis de longues années, et là il pouvait satisfaire, par son cours et ses relations, ses goûts d'artiste.

Tripier menait donc une vie scientifique active ; non seulement il cherchait, mais il vulgarisait avec ardeur et passion et s'attachait aussi à apprendre aux élèves les choses élémentaires.

C'était un chirurgien intègre, très attaché aux préceptes que les chirurgiens français réclament comme leurs, et qui sont déjà consignés dans les premiers livres de notre histoire chirurgicale.

En 1870, pendant la funeste guerre, il fut attaché comme chirurgien à la première ambulance lyonnaise ; il contracta un phlegmon du bras qui faillit l'emporter.

Tripier était membre correspondant de la Société de chirurgie de Paris, de la Société de biologie, de la Société anatomique et de la Société impériale et royale des médecins de Vienne. Il était pour 1891, président de la Société des sciences médicales de Lyon. A son passage à Lyon, en 1889, le président de la République l'avait fait chevalier de la Légion d'honneur.

Tripier était un ami fidèle, et il avait de vrais amis, auxquels sa mort a causé une profonde affliction.

Les funérailles solennelles que Lyon lui a faites ont montré en quelle estime était tenu ce chirurgien savant et intègre.

NICAISE.

(*Revue de chirurgie*, 1892).

*
* *

C'est à l'âge de 49 ans, c'est en pleine activité intellectuelle que notre confrère vient d'être foudroyé par un accès d'angine de poitrine. Sa mort si imprévue enlève à la Faculté de médecine de Lyon l'un de ses maîtres les plus écoutés et les plus aimés. Interne du professeur Ollier (1862), Léon Tripier avait sous la direction de ce maître éminent, puis dans le laboratoire de M. Chauveau, successivement étudié l'anatomie pathologique et la médecine expérimentale.

Les travaux publiés avec la collaboration de M. Arloing sur le système nerveux périphérique, le tétanos, la tuberculose, le rachitisme, lui valurent un prix à l'Académie des sciences. Ses recherches sur les nouvelles méthodes d'autoplastie chirurgicale, aussi bien que le soin qu'il avait apporté à introduire dans les services hospitaliers les procédés d'asepsie les plus rigoureux, lui avaient valu une brillante situation professionnelle. M. Léon Tripier était professeur de clinique de la Faculté depuis 1881, président de la Société des sciences médicales de Lyon, professeur à l'Ecole des Beaux-Arts, correspondant de la Société de chirurgie.

L. L.

(*Gazette hebdomadaire de médecine et de chirurgie* du 12 décembre 1891).

*
* *

C'est avec un profond regret que nous annonçons la mort prématurée de notre ami. Léon Tripier, survenue le 6 décembre. Il n'était âgé que de 49 ans.

Léon Tripier a fait ses études médicales à l'Ecole de médecine de Lyon. Déjà, pendant son internat (1862), ses camarades et ses maîtres le considéraient comme un de ceux qui devaient arriver aux plus hautes situations médicales. Son internat terminé, il vint à Paris, travailler dans le service de M. Charcot, présenté par son ami le professeur Charles Bouchard. C'est là qu'il fit sa thèse sur le cancer de la colonne vertébrale. C'est là que nous avons eu l'avantage d'entrer en relations avec lui, et que nous avons pu apprécier son aménité, la loyauté de son caractère, ses connaissances déjà considérables, son amour de la science. Reçu docteur, il travailla dans le laboratoire de Claude Bernard, puis à Berlin chez Virchow, et à Halle chez Volkmann. Revenu à Lyon, il s'attacha d'une façon particulière au service de son maître, le professeur Ollier. Il concourut pour la place de chirurgien de l'Hôtel-Dieu où malgré de brillants concours, il ne fut pas nommé.

Toutefois, ses maîtres n'avaient pas oublié les qualités dont il avait fait preuve dans cette lutte et lors de la création, en 1877, de la Faculté de médecine de Lyon, Léon Tripier fut chargé de l'enseignement de la médecine opératoire.

En 1882, Léon Tripier permuta pour la chaire de clinique chirurgicale. Dans cette nouvelle chaire, il apporta la même ardeur au travail. Se tenant toujours au courant des progrès de la science, il introduisit à Lyon les méthodes antiseptiques. Il inventa le bain d'huile, pour la désinfection des instruments ; il fut l'un des premiers à appliquer les étuves à la stérilisation des pièces de pansements.

Dans son enseignement clinique, il visait surtout à faire pénétrer dans l'esprit de ses élèves les notions pratiques s'attachant aussi bien à l'instruction des débutants qu'à celle des élèves déjà plus avancés. Les devoirs du chirurgien vis à vis des malades étaient absolus à ses yeux.

Il avait pour ses élèves un véritable attachement. Ceux qui travaillaient à ses côtés devenaient ses amis et pouvaient compter indéfiniment sur son appui. Aussi était-il très aimé de tous ceux qui l'avaient eu pour maître.

Ses brillantes qualités, sa rigueur dans l'accomplissement de ses devoirs lui avaient attiré l'affection de tout le monde. Aussi la ville de Lyon lui a-t-elle fait de magnifiques funérailles. « Il y avait là, dit un journal de Lyon, tous ceux qui aimaient l'homme, tous ceux qui admiraient le savant, tous ceux qui voulaient témoigner leur respect et leur reconnaissance à cet apôtre de la science nouvelle, pour mieux dire la ville entière. » Libre de toute promesse, Léon Tripier, conformément à ses principes philosophiques, a voulu des obsèques civiles, et respectant les idées de toute sa vie, sa famille a tenu à honneur de s'y conformer. Suivant sa volonté aucun discours n'a été prononcé sur sa tombe.

Outre ses fonctions de professeur à l'Ecole de médecine, Léon Tripier était professeur à l'Ecole des Beaux-Arts ; il avait été président de la Société des sciences médicales de Lyon.

(*Progrès médical*)

A l'étranger même la mort de Léon Tripier a eu du retentissement, comme le prouve l'article suivant inséré dans *Deutsechen medicinischen Wochenschrift* n° 52, 1891.

*
* *

Die franzœsische Chirurgie hat vor wenigen Tagen einen ihrer hervorragendsten Vertreter verloren. Am 8. December wurde Léon Tripier von zahlreichen Freunden zur letzten Heimstætte geleitet.

Der in seinem Wirkungskreise war seit 1877 Professor der operativen Chirurgie und seit 1882 Professor der chirurgischen Klinik an der Universitæt Lyon. An der Ecole des Beaux-Arts hielt er Vortræge über Anatomie.

Léon Tripier besass eine sehr ausgedehnte wissenschaftliche Bildung. Claude Bernard, und Wirchow, L. Ollier und R. v. Volkmann zæhlten ihn zu ihren Schülern. Seine Untersuchungen über die recurrirende Sensibilitæt, über die Entstehung der Rhachitis sind allbekannt. Der Dictionnaire encyclopédique des sciences médicales enthælt werthvolle Abhandlungen aus seiner Feder.

Vortrefflicher Operateur, war er einer der ersten, welche sich zu der aseptischen Methode bekannten und geeignete Sterilisationsapparate für Instrumente und Verbandzeug einrichteten.

Sein Unterricht war einfach, klar und auf die Erziehung der Hœrer für das praktische Leben gerichtet.

Dem Berufe des Arztes war er mit vollster Hingebung gewidmet. Wenn jemand in der Klinik, erzæhlt einer seiner Schüler

(Le Progrès vom 9. December 1891), einen Verband vernachlæssigte, so fragte er wohl : « Würden Sie so thun, wenn es sich um Ihren Vater handelte ? »

Seine Schüler betrauern den uneigennützigsten, den treuesten Freund und Berather; und alle, die Léon Tripier im Leben nahegetreten sind, empfinden schmerzlich den herben Verlust, welcher durch den frühen Tod des seltenen Mannes bedingt worden ist.

Prof. H. Stilling.

Au moment de sa mort, Léon Tripier était président de la Société des sciences médicales de Lyon.

A la séance du 9 décembre 1891, M. le professeur Mayet, vice-président, annonça la grande perte éprouvée par la Société et leva la séance en signe de deuil, après avoir donné lecture du discours que nous sommes heureux de reproduire.

Allocution de M. Mayet

Il y a huit jours, Léon Tripier occupait encore ce fauteuil avec toute l'autorité que lui donnaient sa haute valeur scientifique et ses éminentes qualités morales.

Nous étions bien loin de penser alors qu'un coup aussi fatal qu'inattendu viendrait le frapper et jeter la consternation parmi ses colllègues et ses amis.

Au moment où je suis appelé à le suppléer (je me garde bien de dire à le remplacer), permettez-moi de vous retracer en quelques mots les principaux traits de son œuvre scientifique et professionnelle et de son noble caractère.

Cela ne diminuera pas sans doute les regrets que vous laisse cette perte, mais c'est le meilleur moyen d'en adoucir l'amertume.

Jamais vie ne fut mieux remplie que celle de Léon Tripier. Interne distingué de nos hôpitaux, reçu dans les premiers au concours de 1862, il commence à préparer ses succès futurs par un travail opiniâtre.

Après la soutenance d'une thèse remarquable sur le cancer de la colonne vertébrale et la paraplégie douloureuse des cancéreux, il part pour Berlin. Déjà préparé à l'étude de l'histologie par ses travaux personnels, il va s'initier complètement sous la direction de Virchow à cette science encore dans l'enfance en France. Il revient d'Allemagne avec une somme de connaissances en anatomie pathologique que personne ne possédait alors parmi nous et même à Paris où l'Ecole de Ranvier n'était pas encore fondée. A ce moment, il n'est presque pas une seule pièce nécroscopique présentée à notre Société dont l'étude microscopique ne soit faite par lui et magistralement exposée devant elle.

Arrive la guerre de 1870. Qui ne sait le dévoûment dont il a fait preuve alors comme membre d'une des ambulances lyonnaises. Il s'en fallut de peu qu'il ne le payât de sa vie. Je crois le voir encore sur son lit de douleur, l'avant bras labouré par les nombreuses incisions que nécessita un grave phlegmon contracté en soignant les blessés de l'armée de la Loire.

Il eut une peine extrême à se remettre de cette redoutable épreuve, et cependant il ne reçut pas alors la récompense que tant d'autres obtinrent avec une facilité relative à cette époque.

Bientôt sa valeur scientifique, son talent original s'affirma hautement par un travail expérimental de premier ordre fait en collaboration avec notre collègue, M. Arloing, étude qui fixa définitivement la science sur le point si difficile de la théorie de l'innervation sensitive qu'on appelle la sensibilité récurrente. Ce travail est classique, rien n'a été fait depuis sur ce sujet.

Plus tard ses recherches expérimentales sur la pathogénie du rachitisme et sa monographie de cette altération nutritive des os publiée dans le *Dictionnaire encyclopédique*, ses études sur les altérations des nerfs et de la moelle épinière chez les tétaniques eurent un légitime retentissement.

Je ne cite, bien entendu, que ses travaux les plus saillants.

Lors de la création de la Faculté de médecine de Lyon, une chaire lui était légitimement due, et tout le monde applaudit à sa nomination.

Il organisa l'enseignement de la médecine opératoire dans un esprit éminemment pratique et utile et selon une excellente méthode.

Tous les élèves divisés en sections furent exercés et purent ainsi appliquer les enseignements du maître.

Un cours complémentaire de pansements et de petite chirurgie fait par le chef des travaux achevait de rendre parfaite cette organisation.

Après un premier et brillant concours, par une susceptibilité peut-être un peu exagérée, Léon Tripier avait renoncé à concourir pour les hôpitaux.

Combien n'eût-il pas été fâcheux cependant qu'un homme de sa valeur ne fût jamais appelé à faire de la chirurgie hospitalière.

Aussi quand la chaire de clinique chirurgicale devint vacante, par la retraite de M. Desgranges, quoique d'habitude elle soit dévolue à un vétéran de l'enseignement, elle lui fut attribuée par le vote unanime de ses collègues ratifié par sa nomination officielle.

Sa réputation scientifique n'était pas à faire. Sur ce nouveau théâtre, il put enfin montrer ce qu'il valait comme chirurgien.

Tout le monde parmi nous a été témoin de sa pratique hospitalière, et pas un seul n'a marchandé sa profonde admiration pour le dévoûment sans bornes, l'habileté opératoire qu'il montrait, pour les soins minutieux qu'il prodiguait à ses malades.

Son service d'hôpital était sa vie, sa passion, son unique préoccupation.

Son cerveau en ébullition était certainement le siège d'actes physiologiques intimes anormaux par leur intensité.

Ses muscles eux-mêmes, surmenés par la partie matérielle de sa tâche, son cœur obligé de fournir avec une activité extraordinaire des matériaux d'entretien à ces organes, consommaient trop activement leur propre substance.

Cet entretien intensif exigeait une circulation intensive. Ses artères étaient soumises à des impulsions exagérées. Ce n'était pas impunément que ses organes circulatoires pouvaient fournir un travail pareil.

Homme de cœur par excellence au moral, c'est par le cœur qu'il devait périr. Pour beaucoup d'entre nous, pour ses amis dont il avait serré la main la veille, sa fin a été inopinée et a tout l'imprévu d'un coup violent et brusque. On s'est demandé comment cette belle intelligence et cette activité physique ont pu s'éteindre ainsi alors que rien dans ses allures, aucun abattement apparent, aucune diminution d'énergie ne pouvait le faire prévoir. Messieurs, c'est en partie une erreur, le coup n'a pas été aussi soudain qu'il a paru. Tripier appartenait à la catégorie des hommes qui meurent sur la brèche et qui ne s'avouent jamais vaincus, jusqu'au moment où leur organisme est obligé de succomber sous l'étreinte d'une force brutale irrésistible. Depuis longtemps peut-être, quelques signes montraient à un observateur perspicace qu'il était atteint dans ses œuvres vives, dans ses forces radicales.

Depuis quelques jours surtout la lutte apparaissait visible.

Son courage, au-dessus de tout éloge, lui permettait de surmonter le mal qui par instants seulement menaçait de prendre le dessus.

L'avant-veille de sa mort, il avait eu des signes prémonitoires de ces accidents redoutables qui devaient le terrasser, mais il s'était remis par une force de volonté surhumaine, et le lendemain il accomplissait sa tâche quotidienne.

Mais cela ne pouvait durer. Ses organes usés par l'effort même, subjugués par une volonté de fer, ne pouvaient continuer indéfiniment leur service.

C'est alors qu'une crise suprême l'a terrassé sans que son énergie l'ait un instant abandonné, sans qu'il ait donné jusqu'au bord de la tombe le moindre signe de défaillance morale.

Combien est admirable, Messieurs, et combien est rare cette fermeté à l'approche de la mort.

Au seuil de ce redoutable inconnu, les plus courageux sont affolés et pris de vertige. Ils oublient les convictions de toute leur vie et souvent renient tout leur passé.

Notre collègue est resté impassible, et c'est avec le calme le plus grand qu'il a dicté ses dernières volontés.

Messieurs, en présence d'une existence si bien remplie, en présence de cette activité pour le bien, de ce courage indomptable jusqu'à la mort, toutes les antipathies tombent, tous les froissements légers qui ont pu naître d'une susceptibilité trop ombrageuse, d'une nature un peu anguleuse, ne sont plus que des ombres légères, faisant ressortir l'éclat d'une grande figure.

Il ne reste qu'un sentiment, celui de l'admiration pour un sublime exemple à suivre, comme l'a si bien dit notre honoré et cher doyen, dans les quelques mots d'adieu qu'il a prononcés sur sa tombe.

Notre profession est belle entre toutes, Messieurs, belle par le dévouement qu'elle exige. C'est parmi nous, nous pouvons le dire avec orgueil, qu'on peut trouver encore ces désintéressements absolus, ces vies consacrées à la plus noble des passions, à la passion du bien des autres, dont l'amour de la science est encore une forme. Gardons ce double culte dont Léon Tripier a été le martyr. C'est là notre noble privilège sur la majorité des hommes. La recherche de la fortune, le culte des intérêts absorbent les préoccupations de la plupart d'entre eux. Pour nous il est de plus nobles aspirations, il est une voie plus belle à suivre. Léon Tripier nous a appris à la parcourir sans défaillance, c'est le plus bel hommage que nous puissions rendre à sa mémoire que de le proclamer.

(*Lyon Médical* du 13 décembre 1891.)

La Société amicale *le Dauphiné* à laquelle appartenait Léon Tripier, était représentée aux funérailles. D'ailleurs le défunt n'avait jamais cessé d'entretenir des relations avec ses anciens camarades du lycée de Grenoble. Il faisait partie de l'association des anciens élèves de ce lycée et y était très estimé. A la réunion annuelle du 12 mai 1892, le président de l'Association, le lieutenant-colonel Brunet, chef d'état-major de la 27e division, a parlé du condisciple en termes applaudis par l'assistance.

« Le 8 décembre dernier, a dit le colonel Brunet, Lyon faisait des obsèques imposantes au docteur Léon Tripier.

Notre regretté camarade était né à Bourgoin le 7 mars 1842 ; il avait fait la plus grande partie de ses études dans notre lycée, c'est à Grenoble qu'il conquit ses premiers titres, ceux de bachelier ès-lettres et de bachelier ès-sciences restreint.

Depuis, il a parcouru une carrière brillante que je ne puis malheureusement qu'esquisser dans le cadre étroit qui m'est imposé.

Tripier commença ses études de médecine à Lyon en 1860 : de 1862 à 1866, il fut interne des hôpitaux de cette ville ; en 1866, il était reçu docteur à la Faculté de Paris, en 1869, lauréat de l'Académie des sciences, il devenait encore professeur d'anatomie et physiologie comparée à l'Ecole des Beaux-Arts de Lyon. En 1870, il se faisait remarquer comme chirurgien de la 1re ambulance lyonnaise attachée au 20e corps d'armée.

En 1877, lors de la création de la Faculté de médecine de Lyon, il fut chargé de l'enseignement de la médecine opératoire ; en 1882, il passait à la chaire de clinique chirurgicale : en 1888, il recevait la croix de la Légion d'honneur.

Président de la Société des sciences médicales de Lyon, il était membre correspondant de nombreuses sociétés savantes.

Tous les titres que je viens de rappeler disent assez haut combien fut remplie la vie de Léon Tripier.

C'était, en effet, un laborieux de tous les instants ; après avoir reçu les leçons de Claude Bernard, il allait en Allemagne recueillir celles des Virchow et des Volkmann. Toujours à la recherche du mieux, il transforme l'enseignement de la médecine opératoire dans un esprit éminemment utile, en joignant aux leçons théoriques des cours pratiques.

C'est encore ainsi qu'il agit pour l'enseignement de la clinique chirurgicale, la leçon principale étant donnée sur le malade lui-même. On sait avec quel soin il avait organisé dans son service l'antisepsie, cette condition indispensable des succès opératoires.

Dans sa pratique hospitalière, il montrait un dévouement sans bornes et prodiguait à ses malades les soins les plus minutieux ; son service d'hôpital était sa vie, sa passion.

Mais à ce labeur excessif, à cette activité fébrile, les forces s'usent et s'épuisent ; c'est ainsi que Léon Tripier a été terrassé.

C'est un grand honneur pour l'Association d'avoir compté parmi ses membres ce travailleur infatigable, ce chirurgien émérite qui pouvait encore donner à la science de si longues années. »

*
* *

Enfin, à la séance solennelle de rentrée des Facultés de Lyon, le 3 novembre 1891, M. le professeur Lépine, vice-président du Conseil général des Facultés, organe du corps universitaire lyonnais a consacré, dans son allocution, le passage suivant à Léon Tripier :

« D'assez nombreux changements se sont produits dans le personnel de la Faculté de médecine. Un d'eux est la conséquence de la perte aussi regrettable qu'imprévue du professeur Léon Tripier, qui l'honorait par la dignité de son caractère, autant que par sa haute valeur scientifique. Un des premiers, il avait apprécié l'importance de l'antisepsie dans les opérations et pansements, et il était de ceux qui l'ont fait passer à l'état de dogme. Artiste autant qu'homme de méthode dans sa pratique chirurgicale, il s'était passionné pour la recherche des meilleurs procédés autoplastiques. Comme chirurgien, il laissera sa trace ; mais ce qui restera surtout dans la mémoire de ses élèves, de ses collègues et de ses concitoyens, c'est le souvenir de ses rares qualités morales. »

Nous ne pouvions terminer la première partie de cet opuscule, par un éloge plus digne, malgré sa sobriété, de l'ami dont nous tenons à perpétuer la mémoire.

*
* *

Le *Bulletin de l'Université de Lyon*, organe officiel de nos Facultés, a donné sur Léon Tripier une notice fort bien faite, due à la plume de M. le professeur Morat. Nous tenons à l'ajouter, à titre de couronnement naturel, aux articles déjà reproduits.

L'Université de Lyon vient de faire une grande perte. — En pleine force, en pleine activité, après quelques heures seulement de grandes souffrances le professeur Léon Tripier a succombé, enlevé ainsi tout d'un coup, contre toute attente, à l'affection de sa famille, de ses collègues, de ses amis. Les journaux de la ville, les revues locales se sont déjà faits l'écho du sentiment de douloureuse surprise avec lequel a été accueillie par tous la nouvelle de cette mort : la foule émue et recueillie qui a suivi le cercueil a témoigné elle aussi combien ce deuil l'a touchée, car celui que nous pleurons était populaire, je veux dire qu'il était universellement estimé, aimé et il est universellement regretté. — Il est de notre devoir de retracer ici en quelques lignes cette existence à la fois si remplie et si utile : aussi bien le souvenir de tous les services qu'il a rendus et l'exemple des qualités qu'il a montrées sont-ils les seules choses qui nous restent de lui comme aussi les seules d'où nous puissions tirer notre consolation après l'avoir perdu.

Si parfois les vocations sont indécises, ce ne fut certainement pas le cas de Léon Tripier. De bonne heure il sut nettement ce qu'il voulait et vit clairement le but qu'il allait atteindre, à vrai dire, non sans traverser des difficultés multiples. Il est presque superflu de rappeler qu'il passa par l'internat de nos hôpitaux, cette pépinière des grands médecins lyonnais. Il se destinait à la chirurgie. Le majorat de l'Hôtel-Dieu était la situation la plus élevée (alors presque la seule) en ce genre : il lui fallait l'obtenir par le concours. La façon dont il s'y prépara mérite d'être rappelée et citée en exemple.

Personne plus que Léon Tripier n'eut cette vérité ancrée dans l'esprit que pour réaliser des progrès dans la médecine et la chirurgie il faut commencer par de fortes études scientifiques. C'est ce qu'il fit. L'anatomie normale, l'anatomie pathologique, la physiologie furent étudiées par lui avec ardeur et pour elles-mêmes, comme s'il eût dû plus tard les professer. Recevoir les choses de seconde main n'était pas non plus son fait ; c'est toujours aux sources qu'il voulut les prendre. Aussi le voyons-nous aller suivre les leçons des maîtres partout où ils se trouvaient et s'initier près d'eux aux connaissances scientifiques non encore vulgarisées.

Le temps marche avec rapidité ; le présent a vite fait oublier le passé : il est bon cependant de jeter quelquefois un regard en arrière. Les hommes de notre génération ont assisté à l'une des évolutions les plus considérables de la Science médicale, mais cette évolution elle-même a été préparée par une autre. La doctrine microbienne a eu pour précurseur immédiat la théorie cellulaire. Les exagérations de celle-ci ne nous choquaient pas plus alors que les affirmations dogmatiques de celle-là ne nous surprennent aujourd'hui. Quoiqu'il en soit, l'anatomie normale et l'anatomie pathologique avaient été révolutionnées et rénovées. Cette transformation s'était faite en Allemagne plus rapidement et plus tôt que chez nous et Virchow était le chef incontesté de la nouvelle école médicale: ce fut donc vers lui que Léon Tripier alla étudier la nouvelle science ; il lui avait fallu pour cela se perfectionner dans la langue allemande ; mais ce laborieux n'en était pas à compter son temps ni sa peine.

Il avait le goût des choses scientifiques ; mais ce qui est bien plus rare il en avait l'esprit. La physiologie particulièrement l'attira. Ses travaux dans cette science sont autre chose que de simples ébauches : tantôt c'était un problème de chirurgie dont il demandait la solution à l'expérimentation physiologique, comme dans ses études sur la sensibilité récurrente ; mais d'autres fois aussi c'est un problème de physiologie pure dont il poursuivait la solution, comme dans ses recherches sur le nerf pneumogastrique faites comme les autres en collaboration avec M. Arloing. L'idée que l'on risquait de perdre son temps en l'employant à la recherche d'une vérité scientifique, ou que la chirurgie n'avait rien à retirer de l'expérimentation sur les animaux, ou encore qu'il est indigne d'un chirurgien de s'adonner à un tel travail, cette idée, que certainement d'autres ont eue, ne fut jamais la sienne, bien au contraire. Et en cela, il a suivi de glorieuses traditions ; Dupuytren, Bonnet, d'autres dont les noms pourraient aller de pair avec ces deux furent des expérimentateurs. En chirurgie il fut le disciple de M. Ollier : l'élève a fait au maître le plus grand honneur.

L. Tripier affronta le concours par deux fois, il ne fut pas heureux. Quelle que soit la valeur de l'institution du concours (j'entends du concours lyonnais), quelle que soit sa nécessité morale, il faut bien reconnaître cependant qu'il élimine ou décourage presque forcément certaines natures grandement douées pourtant, on en a cité des exemples célèbres. La récompense devait lui venir plus tard et autrement. En attendant, cette période de sa vie fut semée d'épreuves assez pénibles. Chirurgien d'ambulance pendant la guerre, il est atteint, en soignant les blessés, d'une inflammation septique grave de l'avant-bras ; ses jours sont en danger ; il met longtemps à guérir et au prix de longues souffrances. Dégoûté des concours, il veut revenir à ses premières études et suivre une voie plus exclusivement scientifique. Il est sur le point d'être nommé professeur à la Faculté de médecine de Montpellier lorsque des influences extra scientifiques de la façon la plus regrettable l'éloignent encore du but à atteindre. Sa nature droite et sensible souffrit plus qu'une autre de ce déni de justice.

Cependant son heure approche. La Faculté de médecine de Lyon est créée, organisée (1877). Léon Tripier est chargé du cours de médecine opératoire, puis fait titulaire de la chaire. Il peut donc enfin donner la mesure de ce qu'il valait comme professeur. Tout, bien entendu, était à créer et à former, l'enseignement, les travaux pratiques, les aides, le personnel. Il se met à cette tâche comme il faisait toutes choses sans compter ses heures ni ses peines. Le but à atteindre, quand il s'agissait d'affaires de cette importance, primait à ses yeux tout le reste, toute considération, tout ménagement. Les élèves et les aides le savaient bien ; aussi acceptaient-ils de lui bien des choses qu'ils n'eussent peut-être pas acceptées d'un autre. L'élève pardonne bien volontiers au maître sa sévérité, sa rudesse même, quand au fond il se sent aimé de lui, car il sait que ces exigences tourneront à son profit. Léon Tripier aimait ses élèves et il en était aimé : il obtenait de son personnel ce qu'il voulait. C'est que la jeunesse si elle est insubordonnée est aussi généreuse et dévouée ; de telles qualités lui plaisent chez les autres et elle se donne sans réserve à ceux qui les ont. Ces efforts donnèrent les résultats qu'on en pouvait attendre : Lyon fut pourvu d'un enseignement vraiment modèle de médecine opératoire et le professeur de son côté trouvait l'occasion de publier un certain nombre de procédés nouveaux d'opération.

Mais ce n'était pour lui qu'une chaire d'attente ou de passage. L'ambition légitime de quelqu'un qui a dirigé ainsi sa carrière, c'est évidemment la clinique, l'enseignement au lit du malade. Le but ultime de la Science, comme le disait souvent Claude Bernard, ce n'est pas la contemplation, c'est l'action. Et c'est encore là une vérité qu'il avait bien comprise. Il faut avouer que si la Science libre et désintéressée d'application a bien ses séductions, elle le cède à la clinique lorsqu'entre en jeu le point de vue moral et humanitaire. Quel triomphe quand ces conquêtes d'ordre d'abord purement scientifique deviennent entre les mains du médecin des armes de défense pour notre fragile humanité ! quand elles prolongent des existences, éloignent la douleur, rendent heureuses ou seulement moins misérables des vies vouées au malheur et au désespoir ! Le grand public le sent bien, de là l'influence grandissante du médecin dans notre société civilisée.

Ce champ d'action enviable entre tous Léon Tripier l'eut avec la chaire de clinique chirurgicale. Là encore dans ses nouvelles fonctions, il montra la même ardeur, la même conscience, le même désintéressement ; mais là aussi il laissa sa caractéristique. Il y venait du reste bien à son heure. Son œuvre peut s'y résumer en une formule simple. Léon Tripier c'est l'antiseptie chirurgicale réalisée pour la première fois d'une façon rigoureuse dans nos hôpitaux, en France : cela chacun le sait, chacun le dit. En se reportant à l'époque et dans les conditions où il a accompli cette œuvre, il faut reconnaître que le mérite en est grand. Il lui fallait pour cela sa foi scientifique robuste absolue, sa volonté, sa ténacité, sa patience à toute épreuve. Chemin faisant s'il rencontrait quelque difficulté nouvelle, quelque inconnu, c'est aux hommes de Science qu'il en demandait la solution, témoin les travaux de MM. Chauveau et Arloing *Sur la Septicémie gangreneuse* entrepris à l'occasion d'une épidémie de gangrène gazeuse observée dans son service au début de son enseignement clinique. Ce n'est pas à lui qu'il aurait fallu dire que les causes de toutes ces complications sont hors de notre atteinte, qu'il n'y avait qu'à les subir avec résignation ; raisons souvent alléguées et longtemps admises et qui ne sont que des oreillers commodes pour notre paresse. Mais il ne lui suffisait pas de bien faire lui-même : il fallait que les élèves emportassent avec eux les bonnes habitudes, les procédés rigoureux et il employait toute son activité à les rompre à ces pratiques nouvelles.

Après avoir fait l'éloge de son intelligence, de son travail, de son zèle, il reste encore à louer en lui : il aimait les élèves, ai-je dit, mais il aimait aussi les malades. Dans ce champ de bataille que représente une salle de chirurgie, il est naturel que la sensibilité s'émousse. Le peu qu'est la vie humaine y apparaissant mieux qu'ailleurs, le chirurgien pourrait être tenté, s'il n'était humain avant tout, de la jouer d'une façon irréfléchie dans ses interventions où elle est toujours en jeu. Moins que tout autre Léon Tripier mérita un tel reproche. La hardiesse même, dit-on (j'entends la hardiesse raisonnée), lui était venue comme à un tacticien célèbre lentement et avec l'âge. La sincérité fut le fonds de sa nature et celle qu'il apporta dans sa pratique et sa vie scientifique ne fut que le reflet de celle qui était dans son cœur.

Le chef de l'Etat en plaçant sur sa poitrine la croix de la Légion d'honneur lors d'une visite faite par lui dans nos hôpitaux avait bien dit : on le décorait sur son champ de bataille.

Il y passait de longues heures, oubliant le moment de ses repas, se refusant tout repos avant d'avoir terminé la tâche quotidienne que sa sollicitude allongeait outre mesure.

Qui ne sait avec quel soin scrupuleux il avait organisé dans son service l'antisepsie, cette condition *sine qua non* des succès opératoires, ne négligeant pas le moindre détail.

Les plus importantes communications qu'il fit ces dernières années à la Société eurent trait à des perfectionnements apportés à cette méthode. Souvent aussi il nous rendait témoins des résultats obtenus en nous montrant ses opérés après leur guérison.

Son enseignement était le reflet de sa pratique. Il apprenait aux jeunes gens que la réussite en chirurgie est le prix autant et plus d'une conscience scrupuleuse dans les détails, que de la sûreté du coup d'œil et de l'habileté de la main.

Trop tardivement pour tant de mérites, la décoration de la Légion d'honneur vint enfin réparer un injuste oubli.

Tels sont tracés bien superficiellement, les traits principaux de cette carrière si bien remplie. J'aurais dû vous parler de ses aptitudes artistiques, de la distinction avec laquelle il a professé pendant de longues années l'anatomie à notre Ecole des Beaux-Arts. Je me suis borné à retracer sa carrière médicale.

Parmi les médecins et chirurgiens d'hôpital, les uns ont pour principal objectif l'avancement de la science, d'autres ne pensent qu'au devoir professionnel. Quelques-uns savent se dévouer à cette double tâche avec une égale ardeur. Mais à ce labeur les forces s'usent, c'est ce qui a tué Léon Tripier.

Son système nerveux d'une sensibilité exquise, aux réactions vives, presque violentes, ne connaissait pas de repos.

Une activité fébrile, une inquiétude incessante dans la recherche du bien, une ardeur sans pareille dans ce qu'il considérait comme juste, le maintenait dans une tension continuelle.

Il avait donc atteint le but qu'il s'était proposé dès sa jeunesse. Bien que toujours un peu inquiet, comme tous ceux qui ont conscience de leur responsabilité, il était heureux. Eloigné du mariage par tant d'autres devoirs il vivait dans une touchante intimité avec sa famille, avec son frere surtout devenu lui aussi l'un des nôtres. Il n'était pas confiné exclusivement, comme ce portrait tendrait peut-être à le faire croire, dans sa science et sa profession : il adorait les arts, les cultivait avec succès et les patronnait. Malgré son surcroît d'occupations il ne cessa de professer le cours d'anatomie de l'Ecole des Beaux-Arts qu'il faisait depuis de longues années avec l'exactitude et l'ardeur qu'il mettait à toute chose.

Il avait encore, il aurait dû avoir de longues années à jouir de ce bonheur. Des satisfactions vivement attendues lui auraient été données. Avec l'aide désormais acquise d'une administration consciente de son rôle et de ses devoirs, il eût organisé dans son siège définitif le service de la clinique chirurgicale qu'il dirigeait et qui n'avait qu'une installation provisoire. Cette terre promise récompense de ses efforts, il ne lui a pas été donné d'y entrer. Eternel symbole de nos luttes, de nos aspirations et de notre condition à tous. Tous nous laisserons quelque chose d'inachevé, si limitée que soit notre tâche ; personne de nous ne verra se réaliser l'idéal qu'il a rêvé, pour lequel il a combattu, pour lequel il se sacrifie. S'il en approche d'aussi près que notre regretté confrère il sera encore dans les privilégiés, et à peine oserons-nous nous en plaindre puisque dans sa dure nécessité une telle condition nous apparaît comme la loi morale du progrès humain.

J.-P. Morat.

(*Bulletin de l'Université de Lyon*).

II

TITRES, RÉCOMPENSES ET DISTINCTIONS SCIENTIFIQUES

TRAVAUX SCIENTIFIQUES

TITRES, RÉCOMPENSES
ET DISTINCTIONS SCIENTIFIQUES

A. **Titres**

Docteur en médecine de la Faculté de Paris (1866).

B. **Récompenses**

Lauréat de la Société médicale d'Amiens, de la Faculté de médecine de Paris, de l'Institut de France (prix de physiologie expérimentale, 1874).

C. **Distinctions**

Membre et ancien président de la Société des sciences médicales de Lyon.

Membre correspondant de la Société médicale d'Amiens.
» » de la Société anatomique de Paris.
» » de la Société micrographique de Paris.
» » de la Société de biologie.
» » de la Société de chirurgie de Paris.
» » de la Société impériale et royale des médecins de Vienne.

SERVICES HOSPITALIERS
ET SERVICES DANS L'ENSEIGNEMENT

Aide d'anatomie à l'École de médecine de Lyon ;

Interne des hôpitaux civils de la même ville ;

Chef de clinique du service de M. le professeur Ollier ;

Chirurgien de la première ambulance lyonnaise pendant la guerre de 1870.

Professeur d'anatomie à l'École des Beaux-Arts de Lyon (1869);

Chargé du cours de médecine opératoire à la Faculté de médecine de Lyon (1877);

Professeur de médecine opératoire à ladite Faculté (1879) ;

Professeur de clinique chirurgicale à ladite Faculté (1882).

TRAVAUX SCIENTIFIQUES

I. — Travaux sur la sensibilité dans les téguments et les nerfs

a). — *Recherches sur les effets des sections et des résections nerveuses relativement à l'état de la sensibilité dans les téguments et le bout périphérique des nerfs* (en collaboration avec le professeur Arloing). — (Comptes rendus de l'Académie des sciences);
Première note du 29 novembre 1868;
Deuxième note du 1er mars 1869;

On venait de signaler un certain nombre de réapparitions rapides de la sensibilité chez l'homme consécutivement à des sections accidentelles des nerfs du membre supérieur (Laugier, Nélaton, Richet). Aucune des théories physiologiques admises jusqu'à ce jour ne pouvait rendre compte de ces faits. Se plaçant tout d'abord dans des conditions analogues chez les animaux (chiens, chats), MM. Léon Tripier et Arloing ont cherché à reproduire expérimentalement le phénomène, puis variant les conditions (sections nerveuses associées) et employant en outre la méthode Wallerienne ils sont arrivés à donner la preuve anatomique des phénomènes physiologiques que l'on avait observés.

b). — *Recherches sur la sensibilité des téguments et des nerfs de la main* (en collaboration avec le professeur Arloing). — (Mémoire complet avec planches in *Archives de physiologie normale et pathologique* 1869).

Exposition détaillée des matériaux compris dans les deux notes précédentes. Ce mémoire a été présenté à l'Institut pour prendre part au concours de physiologie expérimentale. La commission composée de MM. Cl. Bernard, Milne-Edwards, Coste, Longet, Brongniart a accordé aux auteurs une mention très honorable et de plus une somme de six cents francs :

« 1° Pour avoir démontré les premiers dans les nerfs sensitifs cutanés l'existence d'une sensibilité récurrente jusqu'ici reconnue seulement dans les nerfs moteurs; 2° pour avoir établi expérimentalement que l'influence des nerfs sensitifs de la peau s'étend au dehors de leur zone de distribution anatomique; 3° que la persistance de la sensibilité dans le bout périphérique des nerfs sectionnés et la persistance de la sensibilité dans la peau correspondante sont deux phénomènes connexes qui ne se présentent jamais l'un sans l'autre. »

D'après leurs expériences, MM. Tripier et Arloing ont été amenés à admettre un réseau nerveux cutané, accepté jusqu'ici seulement par quelques histologistes et dont l'existence se trouvait pour la première fois démontrée physiologiquement (Longet, rapporteur. Comptes rendus de l'Académie des sciences, 11 juillet 1870.)

c). — *Des conditions de la persistance de la sensibilité dans le bout périphérique des nerfs sectionnés.* — (Comptes rendus de l'académie des sciences, 24 mai 1874).

d). — *Des conditions de la persistance de la sensibilité dans le bout périphérique des nerfs sectionnés.* Mémoire couronné par l'Institut. (*Archives de physiologie normale et pathologique*, 1874).

Dans ce mémoire, MM. Tripier et Arloing ont étendu et complété les recherches qu'ils avaient commencées à propos de la sensibilité de la main. Voici, du reste, des extraits du rapport que Cl. Bernard a lu au sein de la commission chargée de juger le concours de physiologie expérimentale en 1874, sur les faits nouveaux énoncés dans ce travail : « Plusieurs fois, chez l'homme, le nerf médian accidentellement divisé fut réuni à l'aide d'un point de suture et bientôt après l'opération, la sensibilité avait en partie reparu dans les parties auxquelles ce nerf se distribue. MM. Tripier et Arloing ont montré que cette sensibilité est due à des anastomoses périphériques. Ils ont constaté que lorsqu'on coupe un des nerfs cutanés de la main, les deux bouts restent sensibles, et que la sensibilité du bout périphérique consiste en une sorte de sensibilité d'emprunt, due à la présence des fibres récurrentes dont ils ont pu constater l'existence en observant des fibres nerveuses non dégénérés dans le segment périphérique, un mois après la section. Mais c'est surtout dans les expériences sur les nerfs de la face que les recherches prennent un caractère d'évidence tout particulier. »

« La sensibilité récurrente mise autrefois en évidence sur divers nerfs du chien par les expériences de votre rapporteur, n'avait pu être constatée nettement ni sur le lapin ni sur le cheval. Ayant repris ces expériences, MM. Arloing et Tripier ont vu que si après la section du nerf facial au-dessous de la parotide, on ne trouve pas habituellement de sensibilité dans le bout périphérique, c'est qu'à ce niveau il n'y a pas ordinairement de tubes nerveux récurrents; mais quand la section est faite plus bas, plus près de la partie périphérique du nerf, la sensibilité du bout périphérique devient très évidente.

« Relativement à la sensibilité récurrente de la cinquième paire qui existe mais qui est cependant plus difficile à démontrer que pour le facial, ces auteurs ont trouvé qu'elle provient non seulement des nerfs de sensibilité de la région du même côté, mais qu'elle résulte aussi d'un entrecroisement, ou d'une récurrence des nerfs sensitifs du côté opposé. C'est pour la première fois que ce fait important se trouve rigoureusement établi. En effet, MM. Tripier et Arloing n'ont pas seulement prouvé les phénomènes de sensibilité récurrente par des expériences de vivisection, mais ils les ont expliqués et démontrés par une étude attentive de la dégénérescence des deux bouts des nerfs divisés chez les animaux en expérience. C'est ainsi que leur travail présente une valeur de démonstration tout à fait exceptionnelle.

« Les résultats du grand travail de MM. Tripier et Arloing peuvent se résumer dans les faits suivants :

« 1° Le facial et le spinal des solipèdes et des rongeurs possèdent la sensibilité récurrente aussi bien que ceux des carnassiers. »

« 2° Pour trouver plus facilement la sensibilité récurrente, il faudra se porter à la périphérie;

« 3° Le bout périphérique des branches du trijumeau est sensible; « cette sensibilité est assez difficile à mettre en évidence, mais elle « existe;

« 4° Le bout périphérique des nerfs des membres est également « sensible; toutefois la sensibilité peut disparaître, lorsqu'on remonte « sur les troncs nerveux;

« 5° Dans tous les cas, la sensibilité du bout périphérique est due à « la présence de tubes nerveux dont les relations avec les centres tro- « phiques et perceptifs n'ont pas été interrompues par la section.....

« En résumé, ces expérimentateurs ont généralisé la sensibilité récurrente à tous les animaux mammifères; ils ont donné de ce phénomène une démonstration décisive et une explication rigoureuse à l'aide d'une série d'expériences de vivisection des plus délicates, poursuivies sur un très grand nombre d'animaux pendant six années. » (*Comptes rendus de l'Académie des sciences*, 1er semestre, p. 150, 1875).

Les recherches contenues dans ce mémoire forment le complément de celles qui sont indiquées sous la lettre *a*. Ensemble, elles rendent compte des phénomènes consécutifs aux sections accidentelles des nerfs.

Récemment M. Tillaux a cru les trouver en défaut dans un ou deux cas de suture rapide des nerfs après section. Mais cet observateur a négligé de s'entourer de toutes les précautions nécessaires pour établir que la sensibilité qu'il a constatée après la section n'était point de la sensibilité récurrente. Il y a tout lieu de croire qu'il s'est précisément trouvé en présence de cette sensibilité.

e. — *Du traitement des sections nerveuses par la suture.* — (Congrès de chirurgie, deuxième session, 1886, 20 octobre. Communication de M. Tillaux, discussion.)

Dans le cas de M. Tillaux le rétablissement de la sensibilité peut fort bien être dû à la récurrence. M. Tripier a indiqué un moyen de distinguer la sensibilité due à la récurrence : les malades ne distinguent jamais les deux pointes de compas à quelque distance qu'on les place. M. Tillaux ne s'étant pas servi de ce moyen d'exploration, M. Tripier maintient qu'on ne peut pas affirmer qu'il y a rétablissement de la sensibilité directe tant qu'on n'a pas fait l'expérience des deux pointes.

II. — Travaux sur le nerf pneumogastrique

a. — *Contribution à la pysiologie des nerfs vagues* (en collaboration avec le professeur Arloing). (*Archives de physiologie normale et pathologique*, 1872).

Dans ce travail, on a repris avec les méthodes et les appareils enregistreurs de MM. Chauveau et Marey, l'étude de l'action des vagues sur la circulation, la respiration et la digestion. Voici les principales conclusions auxquelles les auteurs sont arrivés :

L'arrêt du cœur est plus complet quand la galvanisation porte sur le bout périphérique des vagues que lorsqu'elle agit sur les nerfs intacts.

Les deux nerfs vagues n'agiront jamais avec la même activité sur les mouvements du cœur; en règle générale, le nerf droit a une action modératrice plus énergique que le gauche. La réciproque a lieu en ce qui regarde l'action des vagues sur les phénomènes mécaniques de la respiration.

C'est la première fois que cette différence est signalée. Elle a été trouvée à la même époque et à l'aide d'autres moyens par M. Masoin sur les oiseaux et depuis par M. Tarchanoff sur la grenouille.

La galvanisation du bout périphérique se fait sentir sur les mouvements respiratoires parce que les vagues s'envoient mutuellement, vers la périphérie, des fibres récurrentes dont nous avons démontré l'existence par la méthode Wallérienne.

La section d'un vague est accompagnée d'un affaiblissement des mouvements de la paroi thoracique correspondante.

D'abord il n'avait pas paru aux auteurs que l'un des vagues fut plus particulièrement préposé aux actes de la digestion ; mais depuis ils ont repris ces expériences et ils ont annoncé à la Société de biologie en 1876 que sur le lapin et l'âne ils avaient souvent constaté la paralysie de l'œsophage et de l'estomac à la suite de la section d'un seul nerf vague.

b). — *Etude comparative de l'action physiologique des deux nerfs pneumogastriques sur les mouvements de l'œsophage et de l'estomac* (en collaboration avec M. Arloing). — (*Société de biologie*, 1876).

Depuis 1872, MM. Tripier et Arloing avaient démontré la prédominance du pneumogastrique droit comme nerf d'arrêt du cœur. Ils ont vu ultérieurement que les deux nerfs pneumogastriques ne se distribuent pas symétriquement à l'œsophage et à l'estomac. En effet sur douze cas de section unilatérale du pneumogastrique cervical pratiquée sur l'âne, ils ont observé sept fois la paralysie de l'œsophage et de l'estomac : quatre fois après la section du vague droit et trois fois après la section du vague gauche. Trois fois sur neuf, chez le lapin, la paralysie a suivi la section du vague droit. La paralysie ne s'est présentée qu'une seule fois après la section du nerf droit sur un chiffre de quarante expériences au moins, faites tantôt à droite, tantôt à gauche. Les auteurs n'ont pu trouver si cette inégalité de l'action des deux vagues tient à une asymétrie de distribution ou à une prédominance de l'un des centres encéphaliques en rapport avec les pneumogastriques. Quoi qu'il en soit, on peut s'attendre à de graves complications du côté des premières voies digestives à la suite de la section accidentelle d'un seul des nerfs pneumogastriques.

III — Recherches expérimentales diverses sur le tétanos

Recherches expérimentales et cliniques sur la pathogénie et le traitement du tétanos (en collaboration avec M. Arloing). — (*Société de biologie*, 1869 et *Archives de physiologie normale et pathologique*, 1870).

MM. Tripier et Arloing reconnaissent tout d'abord le caractère épidémique et la nature contagieuse du tétanos mise hors de doute par de nombreux faits cliniques.

Cherchant à reproduire expérimentalement le tétanos sur les animaux, les auteurs se sont placés d'abord au point de vue de la théorie humorale. Ils ont cherché les effets produits par les injections dans les veines, chez le lapin et le chien, de sang et de pus provenant d'hommes atteints de tétanos.

En présence de l'insuccès de ces tentatives, ils ont tenté une expérience plus probante et ont fait une inoculation de sang d'un animal tétanique à un autre animal sain et de même espèce. C'est le cheval qui a été choisi, mais les résultats sont restés négatifs. — Pas d'élévation de la température —. Cette expérience a conduit les auteurs à conclure que le sang n'était pas contagieux dans le tétanos, qu'il ne s'agit pas dans cette maladie d'un processus infectieux avec altération primitive du sang et que par suite quelle que soit l'idée qu'on s'en puisse faire la théorie humorale doit être définitivement abandonnée.

MM. Tripier et Arloing ont été par cela même amenés à examiner la théorie nerveuse. Ils ont employé les irritations mécaniques d'abord, puis galvaniques, sur la grenouille, le lapin, le chien et le cheval. Contractions passagères, mais pas de tétanos à proprement parler; pas d'élévation de température. Ils en ont conclu que pour que le tétanos se produise il faut d'autres conditions (de milieu probablement), indépendamment de l'irritation nerveuse périphérique. La dernière partie de leur mémoire contient des indications relatives à la température dans le tétanos. Les auteurs ont cherché à démontrer que le thermomètre fournit de précieuses indications au point de vue du pronostic et de l'intervention opératoire. — A ce propos, ils mettent en parallèle la névrotomie simple et l'amputation. Pour eux la première est insuffisante et la deuxième trop radicale — Ils préfèrent les sections nerveuses associées et complètes pour interrompre la transmission qui continue d'avoir lieu tant qu'il existe un seul nerf entre la périphérie et les centres ainsi qu'ils l'ont démontré ; tandis qu'avec le procédé qu'ils proposent toute transmission est impossible et cependant au bout de deux ou trois mois les malades peuvent récupérer l'usage de leur membre.

IV. — Recherches expérimentales diverses

A. — *Recherches sur les accidents de l'anesthésie par l'éther chez les jeunes sujets. — Différences que présente l'action de l'éther et du chloroforme chez les jeunes sujets.* — (Association française pour l'avancement des sciences. Congrès de Nantes, 1876).

M. Tripier ayant observé trois cas d'anesthésie par l'éther, sur des enfants de cinq à dix ans, qui furent accompagnés d'accidents très alarmants, fit des recherches à ce sujet.

Il insiste sur les deux points suivants :

Les accidents ne sont pas dus à l'asphyxie comme le prouve l'absence de cyanose ;

Ils ne sont pas dus non plus à la syncope, puisque dans tous les cas le cœur n'a pas cessé de battre régulièrement pendant toute la durée de la crise.

Comme M. Tripier avait remarqué la présence d'une grande quantité de mucosités bronchiques plus ou moins filantes, il se demanda si l'éther ne provoquait pas une sécrétion exagérée de mucus dans l'arbre laryngo-trachéal, mucosité à laquelle on devrait rapporter la cause des accidents. Des expériences instituées dans ce but sur de jeunes chats de 3 à 4 semaines à 3 ans, il résulte :

Dans le cas où l'anesthésie a été jusqu'à la mort on n'a pas trouvé de lésions dans l'arbre laryngo-trachéal. — Absence de mucus à ce niveau. — Dès lors il doit prendre naissance dans la bouche et l'arrière-gorge.

L'état des connaissances permet de supposer que l'anesthésie a une action spéciale sur les centres nerveux et qu'il y a un empoisonnement plus rapide des centres respiratoires chez les jeunes sujets.

L'expérimentation a confirmé que les jeunes sujets sont plus sensibles à l'action de l'éther qu'à celle de chloroforme. Cette plus grande susceptibilité se traduit par des arrêts très inquiétants de la respiration.

M. Tripier croit pouvoir arriver à cette conclusion au point de vue pratique : l'emploi de l'éther chez les jeunes sujets est dangereux et conséquemment le chloroforme doit toujours lui être préféré.

B. — *Des effets produits sur des lapins par l'ingestion de substances tuberculeuses et cancéreuses prises sur l'homme.(Examen. Anat. path).* — (Comptes rendus de la Société des sciences médicales de Lyon, 1869).

A ce propos, M. Léon Tripier expose les principaux résultats de ses recherches personnelles sur les grands animaux (âne, cheval, quadrupèdes qu'il a entreprises dans le laboratoire de M. Chauveau à l'école vétérinaire. Il n'a encore pu transmettre aucune des tumeurs dites cancéreuses, de l'homme aux animaux en employant soit la voie digestive, soit la voie sanguine, soit la voie lymphatique (tissu cellulaire). Il fait ses réserves en ce qui concerne la transmission aux animaux de même espèce.

V. – Recherches sur les os et les articulations

A. — *Du rachitisme. — Indiquer surtout l'influence de l'alimentation sur la production de cette maladie* (1864-1865).

a. — *Question mise au concours par la Société médicale d'Amiens.*

Il était admis depuis les recherches de MM. Jules Guérin et Trousseau qu'on pouvait rendre à volonté des animaux rachitiques en les soumettant à une alimentation insuffisante.

Se plaçant au même point de vue, M. Léon Tripier est arrivé à démontrer qu'on ne produisait pas ainsi le rachitisme.

Les jeunes animaux (chiens et chats) soumis exclusivement soit au régime lacté, soit à l'usage exclusif de la viande crue, meurent effectivement ; mais on ne rencontre sur le squelette aucune trace de rachitisme.

Comme on avait aussi invoqué les expériences de Chossat sur l'inanition, M. Léon Tripier à cru devoir instituer des expériences comparatives sur des poulets pour étudier les changements apportés dans les os du squelette en voie de croissance par la privation plus ou moins complète des substances calcaires.

L'examen histologique et les analyses chimiques ont prouvé qu'on modifiait ainsi la structure du tissu osseux et que l'élément calcaire était diminué : mais ce n'est pas là du rachitisme.

(Ce mémoire a valu à son auteur une mention honorable et le titre de membre correspondant de la Société médicale d'Amiens).

b. — *Production artificielle du rachitisme.* — (Association française pour l'avancement des sciences, Congrès de Lille 1874).

M. Heitzmann ayant communiqué à l'Académie de Vienne des expériences sur le développement artificiel du rachitisme et de l'ostéomalacie au moyen de l'acide lactique associé aux aliments ou injecté sous la peau à la dose de 8 à 10 gouttes, M. Tripier reprit des expériences dans ce sens. Ces expériences ont porté sur huit animaux (chiens et lapins) à l'alimentation desquels a été mélangé de l'acide lactique, les injections sous cutanées même à faible dose donnant lieu à des gangrènes du tissu cellulaire. Toutes ces expériences ont été négatives au point de vue des lésions rachitiques et M. Tripier conclut que pour lui les lésions décrites par M. Heitzmann ne peuvent s'expliquer que de deux façons ; ou bien il a eu affaire à des animaux prédisposés, ou bien il s'agit de lésions analogues à celles observées par Chossat et Friedleben sur les pigeons et par lui-même sur les poulets par la privation de sels calcaires.

L'auteur s'est successivement placé dans toutes les conditions extérieures regardées comme favorables à la production du rachitisme. De plus, il a pu étudier l'influence de ces conditions extérieures fâcheuses sur de jeunes chats dont la mère présentait d'anciennes lésions généralisées du squelette.

(Toutes ces recherches sur le rachitisme ont été mises à profit pour la rédaction de l'article Rachitisme, *dans le Dictionnaire encyclopédique des sciences médicales.*

B. — *Recherches et expériences diverses sur le tissu osseux.*

Ces recherches sont consignées dans le Traité expérimental et clinique de la régénération des os, par L. Ollier, chirurgien en chef de l'Hôtel-Dieu de Lyon, (1 vol., Paris 1867). (Ouvrage couronné par l'Institut de France).

C. — *De la reproduction des extrémités articulaires.* — Congrès de Lyon, 1872.

Important au point de vue de la physiologie générale.

D. — *Sur la pathogénie du genou en dedans.* — (Association française pour l'avancement des sciences. Congrès de Nantes, 1875).

Etudiant le genou en dedans, la variété la plus commune, celle qu'on rapporte habituellement au rachitisme, attribué par la plupart des auteurs au développement des deux condyles fémoraux sur lesquels le poids du corps agit plus en dehors qu'en dedans, M. Tripier s'est demandé pourquoi beaucoup de jeunes malades atteints de genoux en dedans ne présentaient pas de traces anciennes ou récentes de rachitisme, et pourquoi les deux membres ne sont pas toujours le siège de cette affection.

Considérant que les malades atteints exercent en général des professions qui les obligent à se tenir presque constamment debout, M. Tripier s'est demandé si cette circonstance ne pouvait pas rendre compte des faits observés d'autant qu'on sait que dans la station verticale il faut bien s'observer pour reposer également sur les deux pieds. Dans ces conditions le centre de gravité du côté qui porte passant plus en dehors qu'en dedans de la ligne fémorale, cette pression plus forte d'un côté au moment où l'accroissement a lieu activement semblait rendre compte de l'inégalité de développement.

Des recherches expérimentales sont venues confirmer ces vues et démontrer que par des irritations des cartilages de conjugaison, on produisait à volonté le genou en dedans ou en dehors.

Dans ces conditions, le traitement par le repos devra être le premier à instituer en le combinant avec le redressement des désordres acquis et le traitement général.

VI. — Recherches sur les affections des nerfs

A. — *Expériences sur les effets de la compression, des piqûres, des coupures et de la ligature des nerfs. — (En collaboration avec M. Arloing.* — Article Nerfs (pathologie chirurgicale) du *Dictionnaire encyclopédique des sciences médicales.*

Ces expériences ont été utilisées par M. Léon Tripier pour la rédaction de l'article Nerfs (pathologie chirurgicale) du Dictionnaire encyclopédique des sciences médicales. Nous avons pu observer que la compression expérimentale dégénère en contusion. Elle produit une suffusion sanguine autour des nerfs. S'il s'agit d'un nerf moteur comme le facial, elle s'accompagne d'une paralysie temporaire, remplacée ensuite par des tremblements des muscles correspondants, puis par un retour complet à l'état normal.

Si les piqûres sont faites avec des corps très effilés, comme des aiguilles, elles déterminent une vive douleur, une légère hémorrhagie dans la gaine ; mais elles ne lèsent pas les fibres nerveuses au point d'en entraîner ultérieurement la dégénération. Au bout de vingt jours, on aperçoit une petite nodosité opaque, blanchâtre, dans le point correspondant à la piqûre.

A la suite des coupures ou sections incomplètes des nerfs, nous avons observé l'altération du bout périphérique des fibres coupées ; mais au point de vue fonctionnel nous n'avons jamais vu se développer d'accident nerveux chez les animaux.

Quant à la ligature des troncs, ligature qui peut être faite accidentellement sur l'homme en liant une artère après les amputations, elle produit anatomiquement et physiologiquement des effets divers suivant le mode et l'intensité de la constriction. Nous avons conclu de nos expériences : 1° que sur les gros troncs nerveux la constriction n'est jamais capable d'interrompre immédiatement la continuité du nerf ; 2° que la proportion des fibres respectées, si la ligature n'est pas persistante, est d'autant plus grande qu'on a employé un fil plus gros et qu'on a serré avec moins de force.

B. — *Recherches sur l'action de l'aconitine et son influence élective sur la propriété conductrice des nerfs.* — (Association française pour l'avancement des sciences. Congrès du Havre, 1877).

VII. — Pathologie humaine et pathologie comparée

A. — *Sur une affection parasitaire tuberculiforme et transmissible du poulet. (En commun avec M. Arloing).* — (Association pour l'avancement des sciences. Congrès de Lyon, 1873).

Un poulet présentait des masses caséeuses dans le poumon, le foie et l'intestin. Les traités de pathologie comparée ne renfermaient aucune indication sur cette affection. Nous l'avons étudiée et transmise à des animaux de la même espèce.

Quant à la nature de la lésion, il était bien difficile de la déterminer sur des tumeurs frappées de dénérescence granulo-graisseuse avancée. Néanmoins nous l'avons crue parasitaire sur l'avis de M. Balbiani qui avait bien voulu examiner nos préparations. Cette affection a été récemment étudiée par MM. Cornil et Mégnin sur d'autres oiseaux domestiques que le poulet. On la regarde aujourd'hui comme une vraie tuberculose, mais MM. Tripier et Arloing ont les premiers attiré l'attention sur la contagiosité de cette maladie.

VIII. — Pathologie spéciale

Travaux sur les affections du système nerveux.

A. — *Application de la sensibilité récurrente à la pathologie et à la médecine opératoire (en collaboration avec M. Arloing).* — Association française pour l'avancement des sciences. Congrès de Lille, 1872.

B. — *Des névralgies et de leur traitement par les sections nerveuses (en collaboration avec M. Arloing).* — Association française pour l'avancement des sciences. Congrès de Nantes, 1875.

MM. Tripier et Arloing avaient démontré que les zônes de distribution anatomique des nerfs sensitifs n'étaient pas distinctes les unes des autres et que les nerfs s'envoyaient mutuellement soit d'un même côté, soit d'un côté à l'autre du corps, des fibres récurrentes. Ils devaient naturellement en déduire des applications au traitement des névralgies de cause périphérique.

Après avoir épuisé les moyens médicaux, si l'on a recours à la chirurgie, on doit viser à isoler complètement le point malade des centres perceptifs. Pour atteindre ce résultat, il faut sectionner tous les filets nerveux qui partent de ce point.

Ces deux communications avaient pour but de bien établir la nécessité des sections nerveuses multiples, sections que l'on pratique du reste à quelque temps d'intervalle et de montrer par des faits cliniques que l'application des données expérimentales peut fournir d'excellents résultats.

C. — *Des névralgies envisagées au point de vue de la sensibilité récurrente. Pathogénie et traitement.* (In thèse de Cartaz, Paris 1875).

C'est l'application des données physiologiques précédemment exposées aux faits cliniques avec déduction thérapeutique.

Deux cas de névrite traumatique avec transmission de la douleur par la voie collatérale intacte.

Congrès de chirurgie, 1885.

Revue de chirurgie, 1886, 10 octobre.

M. Tripier publie en détail deux observations de névrite traumatique qui montrent la transmission de la douleur par la voie collatérale intacte et dont il déduit quelques considérations pratiques fort importantes au point de vue opératoire. Dans toutes les lésions des nerfs périphériques on devra chercher si la transmission de la douleur se fait par la voie collatérale et pour cela il faudra employer la compression sur le tronc ou les troncs nerveux qui envoient des branches dans la région où se rend le nerf altéré.

Si la douleur disparaît absolument, la transmission se fait exclusivement par les fibres centripètes ou récurrentes. Si elle ne disparaît pas complètement, on peut supposer que la transmission se fait en partie par les fibres centripètes indirectes, en partie par les fibres directes. La compression exercée concuremment sur le nerf altéré et les centres permettra parfois de trancher la question.

Enfin si la douleur ne disparait pas, on est autorisé à admettre que la transmission se fait exclusivement par les fibres centripètes directes. Dans ces différents cas, il y aura lieu de tenir compte d'une lésion secondaire possible du côté des centres.

Au point de vue thérapeutique les indications sont basées sur la nature de la lésion et sur le mode de transmission de la douleur. Ou bien on peut agir sur la cause de la douleur et dans ce cas il est indiqué de la faire disparaître en ménageant la continuité des nerfs, ou, si celle-ci est interrompue, en cherchant à la rétablir ; ou bien on ne peut pas agir sur la cause elle-même et alors si la transmission se fait par la voie collatérale on devra se porter sur elle et procéder à l'aide de sections associées et successives de manière à ne faire que strictement le nécessaire et à ne pas paralyser inutilement les muscles. Si l'on a des raisons pour croire que la transmission se fait à la fois par la voie collatérale et la voie directe, il sera indiqué d'agir d'une part sur les fibres centripètes indirectes et d'autre part sur les fibres directes, mais en commençant toujours par les premières. Enfin si la transmission paraît se faire par les fibres directes on cherchera naturellement à se placer au-dessus de la lésion ; toutefois, plus on remonte, plus il faudra compter avec les anastomoses directes d'où l'indication de recourir parfois à plusieurs sections si l'on veut être certain d'empêcher la transmission par la voie directe.

L'amputation doit être considérée comme une ressource extrême à laquelle il ne faut recourir que si l'on a la main forcée.

D. — *Etiologie de la fistule anale.* (In thèse de Francou 1886.)

D'après M. Tripier, les abcès tubéreux ont la même origine que les furoncles anthracoïdes de la main et de l'avant-bras. Pour lui à la suite d'un frottement, il y a éraillure d'un follicule pileux puis contamination de cette petite plaie par un agent septique et enfin formation d'un abcès. M. Tripier a observé que ces abcès siègent toujours à la base d'un poil. Il n'en a jamais observé chez la femme.

M. Tripier insiste également sur l'adéno-phlegmon des ganglions lymphatiques qui se trouvent en arrière du rectum et qui se développent à la suite de la rectite chronique. Les lymphatiques qui arrivent de la muqueuse anale ou rectale se portent tous dans les ganglions du mésorectum. On pourrait enfin admettre ici ce que Velpeau admet pour les adéno-phlegmons de la région sous-maxillaire : rectite, propagation de l'inflammation aux ganglions, puis au tissu cellulaire environnant, d'où abcès consécutifs. On peut également admettre une inflammation d'origine tuberculeuse, et dès lors se trouve expliquée la relation entre la diathèse tuberculeuse et les fistules anales.

E. — *Subluxation spontanée du poignet en avant.* — (In thèse de Félix Lyon 1884.)

Cette lésion déjà décrite par Madelung résulte d'un trouble de nutrition du côté du squelette dépendant de l'inégale répartition des pressions. La subluxation spontanée du poignet en avant doit être assimilée au genou en dedans ; elle est en rapport avec le surmenage de l'articulation, mais pour expliquer sa rareté, on doit faire intervenir un élément nerveux qui donne la raison des contractures observées. En somme, surmenage de l'articulation du poignet en pleine croissance, agissant comme cause occasionnelle et réveillant un état d'hyperexcitabilité pathologique de la moëlle d'où les conséquences suivantes :

1° Trouble de nutrition portant sur le cartilage de conjugaison ;

2° Contractions musculaires portant sur le groupe le plus surmené; d'où : position fixe du membre ; déformation graduelle et subluxation consécutive ; *subluxation spontanée du poignet.*

(Comptes rendus de la Société des sciences médicales de Lyon, 1884.)

M. Tripier combat l'assimilation de cette lésion avec la main bote dont elle n'a pas les caractères.

F. — *Angiôme encapsulé sous-séreux du genou ; extirpation partielle ; guérison.* (Comptes-rendus académie de médecine, 7 avril 1891).

M. Tripier relate l'observation d'un jeune homme de dix-huit ans qui depuis son enfance ressentait des douleurs dans le genou gauche. Il avait été traité jusque là pour une tumeur blanche. On constatait une tuméfaction de la partie interne de l'articulation et il existait un point très douloureux sur la tubérosité interne du tibia. Or, en déprimant les tissus, la tuméfaction semblait disparaître et cependant les culs-de-sac synoviaux ne se gonflaient pas. En outre, si l'on plaçait un lien constricteur, la tuméfaction augmentait. Par contre, le lien enlevé, si l'on élevait le membre, cette dernière diminuait au point de disparaître complètement. L'application de compresses froides et chaudes donnait des résultats aussi décisifs. La tuméfaction était donc due à une stase veineuse. Malgré les inégalités de la surface de l'os et en raison de son peu d'augmentation de volume ainsi que de la marche et de la durée de l'affection, on s'arrête au diagnostic d'angiome simple développé dans la couche parostale. L'opération a justifié cette prévision et le malade, après extirpation partielle, a vu disparaître ses douleurs et jouit actuellement de l'amplitude de ses mouvements.

XI. — Matériel chirurgical

A. Instruments

a). — *Dilatateur, gouttière pour la pratique des contres-ouvertures et l'établissement des drains.* — (Comptes rendus de la Société des sciences médicales de Lyon, 1883. Comptes rendus de la Société de chirurgie, 1883).

Cet instrument est destiné à faciliter tout à la fois la pratique des contre-ouvertures et l'établissement des drains. Il permet dans les cas de décollements, après avoir poursuivi les trajets, et fait les incisions cutanées par la sonde cannelée, de dilater ces trajets et d'y placer les drains. Les parties superficielles étant seules incisées au bistouri, on se trouve ainsi à l'abri des hémorragies, si l'on a eu soin d'éviter le trajet des vaisseaux principaux d'une région.

b). — *Spéculum rectal.*

Cet appareil n'est qu'une modification du dilatateur gouttière. Par sa construction et son mode d'ouverture, il permet de dilater le rectum et de juger de l'état des parois. En variant les positions du spéculum, on peut ainsi explorer successivement chacun des points de la muqueuse rectale.

c). — *Couteau-rugine, détache-tendons.*

Cet appareil a l'avantage de réunir en un seul instrument le détache-tendon convexe et concave tout à la fois.

B. Appareils orthopédiques

a). — *Modifications apportées dans la construction des appareils à tuteurs métalliques pour le membre inférieur.* — (Comptes rendus de la Société des sciences médicales de Lyon, 1884).

Pour mieux remplir l'indication de ces appareils, c'est-à-dire la fixité, M. Tripier fait faire une large ceinture pelvienne métallique articulée en arrière et un cuissart qui se moule sur le membre. Le point d'appui est formé par le rebord supérieur du cuissart qui, au lieu d'être évasé en dehors, présente au contraire un épaulement plus ou moins considérable en dehors. Une dernière modification a trait à la rotation du pied.

Au lieu de se servir d'une articulation à noix en arrière du talon, il a fait placer dans la semelle une tige articulée suivant l'axe du membre et qui porte à son extrémité interne une vis venant presser contre le talon, de sorte qu'on peut porter à volonté le pied en dedans ou en dehors.

b). — *Appareil prothétique.* — (Comptes rendus de la Société des sciences médicales de Lyon, 1884).

M. Tripier présente un appareil prothétique qu'il a fait construire. C'est un soulier ayant une semelle en acier faisant élastique et interposée entre deux semelles de cuir. La prise sur la jambe est réalisée par l'adaptation sur les malléoles de tiges de fer. C'est un perfectionnement du soulier de Roux.

C. Outillage chirurgical

a). — *Chauffage des instruments comme moyen de prévenir le développement de la septicémie gangreneuse.* — (Comptes rendus de l'Académie de médecine, 1883).

S'inspirant des recherches de MM. Chauveau et Arloing sur l'inoculation de la septicémie gangreneuse et sur les modifications de l'activité du virus septico-gangreneux par la chaleur, M. Tripier pensa qu'il était logique de recourir à la chaleur pour détruire le virus qui pouvait se trouver sur les instruments. Dans ce but il a fait installer dans sa salle d'opération, à l'Hôtel-Dieu de Lyon, un bain d'huile qu'on peut porter à 125° centigrades, en trois quarts d'heure, et qui, grâce à un régulateur, peut être maintenu à cette température. En sortant les instruments du bain d'huile, on les porte dans une cuvette d'eau phéniquée à 50 0/0 et chauffée à 70 ou 80°.

b). — *Du chauffage des instruments de chirurgie* (*Lyon médical*, 1883).

M. Tripier expose tout au long la pratique de l'opération ainsi que les détails de construction de l'étuve à huile. Cette étuve construite en laiton est divisée en plusieurs compartiments dont les dimensions ont été proportionnées à celles des divers instruments. Un thermomètre et un régulateur immergent dans le bain d'huile et permettent de conduire l'opération avec toute la rigueur d'une expérience de laboratoire.

Des paniers construits en métal permettent de plonger et de retirer les instruments après leur séjour et leur stérilisation pour les porter dans la solution phéniquée.

c). — *De la septicémie gangreneuse.* — (Thèse de Courboulès, Lyon, 1883).

Dans cette thèse sont développées les raisons qui ont conduit M. Tripier à ce procédé de désinfection ainsi que la pratique de l'opération.

L'auteur expose ensuite les résultats obtenus dans le service de M. Tripier et constate que depuis que cette pratique est rigoureusement suivie, la septicémie gangreneuse a disparu à peu près complètement.

d). — *De la stérilisation du coton, de la gaze et de l'eau servant au pansement des plaies.* — (*Lyon médical*, 1887).

L'asepsie constitue véritablement une méthode générale, dont l'antisepsie n'est qu'un des procédés.

Dès lors, dans les cas de plaies non infectées et surtout dans les cas où le chirurgien fait lui-même la plaie qu'il devra panser, pourquoi ne pas avoir recours au pansement aseptique qui a l'avantage de ne pas irriter les téguments et de coûter moins cher. Du reste, des cultures faites avec les pièces de pansements antiseptiques livrées par le commerce ont donné dans plusieurs circonstances des résultats positifs et les bouillons ensemencés ne sont pas toujours restés stériles.

Mais pour que l'asepsie donne le maximum de résultat, il faut qu'elle soit faite avec autant de rigueur que dans un laboratoire. Aussi M. Tripier a-t-il fait installer dans son service un outillage qui lui permet de réaliser ces conditions.

Les pièces de pansement sont soumises, dans l'autoclave de Chamberland, à l'action de la vapeur chauffée sous pression et portées ainsi à une température de 125 à 130°, puis transportées dans une étuve séchoir, à chaleur sèche, munie de thermomètre et de régulateur qui permettent de les sécher à l'abri de l'air extérieur, sans les porter à une température qui puisse altérer leur constitution et détruire leur résistance.

Quant à l'eau qui sert au lavage des plaies, elle ne doit pas être un mélange de substances antiseptiques et de bouillon de culture. Aussi M. Tripier se sert-il pour la préparation de ses solutions d'eau stérilisée. C'est la filtration par le filtre Chamberland qui paraît réaliser le mieux ces conditions au point de vue pratique.

e). — *Asepsie et antisepsie.* — (Thèse de Lyon, Mazet, 1888).

Cette thèse n'est que le développement de la communication précédente. La pratique suivie dans le service de M. Tripier y est exposée tout au long.

f). — *De la stérilisation de l'eau destinée au pansement des plaies.* — (*Lyon médical*, 1888).

La filtration par la bougie Chamberland sous pression ne donne pas toujours des résultats très satisfaisants. Aussi M. Tripier préfère-t-il la bougie filtrante sans pression. Pour recueillir l'eau filtrée et lui donner la pression nécessaire aux irrigations, M. Tripier a fait construire un réservoir à air dans lequel l'eau s'emmagasine. La disposition de l'appareil dans son ensemble reproduit assez bien la disposition des canaux biliaires et de la vésicule.

Mais comme les bougies Chamberland demandent des soins continuels et qu'on ne peut pas toujours être sûr de leur parfait fonctionnement, M. Tripier préfère encore l'eau stérilisée par la chaleur. A cet effet il se sert de ballons de verre à deux tubulures dont l'un est obturé par du coton et l'autre fermé à la lampe. Ces ballons sont portés à l'autoclave et, pour s'en servir, il suffit de rompre l'extrémité effilée de l'un des tubes pendant qu'on incline le ballon vers la surface à irriguer.

Cas de névralgie faciale avec zône épileptogène. — (Association française pour l'avancement des sciences. Congrès du Havre 1877).

M. Tripier donne communication d'une observation de névralgie de la face avec zône épileptogène, pour laquelle il a pratiqué une opération de névrotomie et ostéotomie combinées, suivie de guérison. Il démontre une fois de plus l'inanité de l'indépendance fonctionnelle des nerfs et arrive à cette conclusion que les névralgies rebelles sont souvent centrales, que beaucoup d'entre elles sont exclusivement périphériques, mais que parmi ces dernières il en est beaucoup qui se compliquent de lésions du côté des centres. L'observation qu'il communique confirme ces faits.

Du cancer de la colonne vertébrale et de ses rapports avec la paraplégie douloureuse. (Thèse inaugurale, Paris 1866. Mention honorable de la Faculté de médecine).

Les recherches consignées dans ce travail ont été faites dans le service de M. Charcot, à la Salpêtrière.

M. Tripier établit dans ce travail la plus grande fréquence du cancer secondaire peut-être parce qu'on n'a pas examiné d'assez près certains cas d'ostéomalacie.

C'est le cancer du sein qui paraît s'y généraliser le plus souvent et c'est le corps des vertèbres de la région lombaire qui paraît le premier envahi. Avant qu'on puisse constater rien de caractéristique, il est une période non décrite consistant dans la formation d'un tissu ostéoïde dont les modifications ultérieures sont de la plus haute importance au point de vue pathogénique. Une fois développés les cancers secondaires de la colonne vertébrale reproduisent les formes anatomiques des tumeurs cancéreuses qui leur ont donné naissance.

Le cancer de la colonne vertébrale, toute question de siège et de nature mise de côté, a pour tendance constatée d'amener la compression du système nerveux rachidien. Les lésions qui peuvent en résulter, les symptômes par lesquels celles-ci se révèlent sont variables suivant que la moelle seule est comprimée, que les nerfs seuls sont comprimés, ou que la moelle et les nerfs sont à la fois comprimés.

B. — *Plaie de l'aorte.* — (Comptes rendus de la Société des sciences médicales de Lyon, 1872).

Il s'agit d'une plaie accidentelle de l'aorte produite par la pointe d'une épée de combat.

Il s'agissait de savoir si l'on avait affaire à une blessure par imprudence ou à une blessure intentionnelle, d'autant que la paroi postérieure de l'artère présentait la trace de trois piqûres ayant intéressé les tuniques internes du vaisseau. De l'examen approfondi des pièces, M. Tripier a été amené à mettre ces piqûres sur le compte des contractions du cœur et des mouvements du même organe coïncidant avec les mouvements respiratoires.

Il semble dans ce cas, que la paroi postérieure de l'aorte ait subi un mouvement d'ascension et de descente pendant lequel elle serait venue s'embrocher sur la pointe de l'épée également déplacée par les mouvements respiratoires et le choc de la pointe du cœur.

C. — *Sur une nouvelle cause de gangrène spontanée avec oblitération des artérioles capillaires.* — (Comptes rendus de l'Académie des Sciences, 1874).

M. Tripier, à la suite de l'examen du sang de nombreux animaux morts d'infections septiques avait constaté une augmentation considérable du nombre des globules blancs et il avait été amené à penser par ce fait d'observation que la leucocytose survenue dans ces conditions pourrait bien être une cause d'obstruction des vaisseaux capillaires et peut-être de gangrène spontanée.

Depuis, M. Tripier a observé plusieurs cas de gangrène dans des conditions analogues, et il lui a paru utile d'appeler l'attention sur ces faits non seulement parce qu'ils démontrent l'existence d'une nouvelle condition, propre tout au moins à favoriser, sinon à déterminer la production de la gangrène spontanée, mais encore parce qu'il y aurait à étudier à ce point de vue nouveau les gangrènes spontanées qui se manifestent dans tous les cas d'altération du sang même celles qui dépendent de l'ergotisme.

D. — *Des abcès des parois thoraciques d'origine osseuse.* — (In thèse Ernest Giraud, Lyon, 1882).

Les abcès des parois thoraciques d'origine osseuse sont des abcès en bouton de chemise. La tête du bouton est très petite par rapport au pied qui peut être énorme. Le foyer sous-pleural figure la tête, l'abcès lui-même le pied; la portion étranglée se rencontre au niveau même de la perforation de l'espace intercostal.

M. Tripier insiste sur cette disposition des lésions plus marquées sur la face interne de la côte; elle est grosse de conséquences au point de vue du diagnostic et du traitement. Comment affirmer qu'un abcès a pour point de départ une périostite externe maintenant que l'on connaît cette disposition ? Il est bien évident que l'emploi des modificateurs locaux, injections iodées, cautérisations, etc, conseillé par les chirurgiens opposés à la résection, n'auront aucune action sur la face interne de la côte siège de la lésion.

La nature tuberculeuse de l'affection, la sécurité due à la méthode antiseptique doivent imposer comme traitement de larges et multiples ouvertures des abcès et la résection des côtes qu'on trouvera altérées.

Etude expérimentale et clinique sur l'emploi de l'iodoforme. (In thèse Alexandre Martin, Lyon, 1882.)

S'appuyant sur des études expérimentales faites dans le laboratoire de M. Arloing, M. Tripier adopte le pansement mixte à l'iodoforme et à l'acide phénique.

M. Tripier insiste au point de vue clinique sur les avantages de cette substance, au point de vue de l'anesthésie déterminée par son application sur les plaies vives ; sur les modifications des sécrétions, tant au point de vue de leur nature que de leur abondance, sur la cicatrisation plus rapide et enfin sur le bon état général des malades pansés à l'iodoforme.

Le pansement à l'iodoforme a ses indications dans les plaies récentes, mais où l'action de l'iodoforme est réellement spécifique, c'est sur les plaies anciennes et fongueuses et dans les fistules, quelle que soit leur pathogénie.

A côté de ces avantages, il faut envisager les phénomènes d'intoxication auxquels peut donner lieu son emploi. Surtout marqués du côté de l'appareil gastrique et des centres nerveux, ils peuvent revêtir une intensité variable, d'où nécessité d'en renouveler l'emploi quand l'application sur de larges surfaces, sur des régions où les elements graisseux dominent et surtout chez les personnes âgées avec affaiblissement du cœur et susceptibilité des centres nerveux.

X. — Opérations qui se pratiquent sur les membres

A. — *Amputation de Chopart. — Description d'un nouveau procédé opératoire.* (In thèse de Duchamp, Lyon 1879.)

En examinant les conditions statiques du pied, M. Léon Tripier remarqua qu'un plan horizontal et tangent à la petite apophyse du calcanéum divisait cet os en déterminant une large surface de section traversée par l'axe du membre inférieur.

En sciant en effet et en détachant tout le plateau inférieur du calcanéum déterminé par ce plan, on fait reposer le membre inférieur sur une surface horizontale qui n'a de tendance à basculer, ni d'un côté, ni de l'autre, car elle contient l'axe du membre qui lui est perpendiculaire.

Voici en substance le procédé de M. Léon Tripier : rétablissement de l'équilibre après amputation de Chopart par l'ablation d'une portion du calcanéum.

La coupe horizontale du calcanéum a un avantage pour l'amputation sous-astragalienne, car non-seulement elle conserve un peu plus de longueur au membre, ce qui, quoi qu'on en ait pu dire, n'est pas à dédaigner, mais encore elle place le moignon dans de meilleures conditions statiques.

Ainsi que l'a fait remarquer M. Legouest, l'astragale a sa face inférieure oblique en bas et en avant : il doit donc y avoir, après la désarticulation sous-astragalienne, une bascule de l'astragale en sens inverse de celle du calcanéum, ce qui amène des tiraillements dans l'articulation tibio-tarsienne.

En outre, la base de sustentation est plus large après la coupe du calcanéum, d'où solidité plus grande au point de vue de l'équilibre. Enfin, après la désarticulaiion sous-astragalienne, l'astragale n'est plus en rapport avec les muscles et les tendons. Or, en pratiquant la coupe du calcanéum, on conserve le tendon d'Achille et, d'un autre côté, les tendons latéraux étant en rapport avec la gaîne périostique, on aura de la mobilité comme après l'amputation de Chopart sans en avoir les inconvénients, attendu que l'équilibre du moignon est obtenu.

En dehors de cette question, l'incision cutanée dans la nouvelle opération a l'avantage sur celle de l'amputation de Chopart de moins dénuder les téguments à la face plantaire et de pouvoir rendre compte par l'inspection, *de visu*, du calcanéum, de l'intégrité ou de la maladie de cet os et de permettre dans ce dernier cas l'amputation plus haut.

B. — *Des amputations à lambeaux cutanés.* — (In thèse Meurer, Lyon, 1887.)

Cette thèse est l'exposé du procédé opératoire employé par M. Tripier.

Il est évident que dans la constitution des moignons on peut se passer de muscles. Il est en effet des régions, le poignet, l'extrémité inférieure de la jambe, où le muscle ne contribue pas à la formation des moignons. La plupart du temps d'ailleurs, ce ne sont pas des muscles que l'on conserve, mais des tendons qui ne peuvent en aucune façon contribuer à la formation des moignons. Bien plus, quand on ampute en plein tissu musculaire, ne doit-on pas craindre que ce tissu musculaire qui double les lambeaux, séparé de l'un de ses points d'attache, et dès lors ayant perdu ses fonctions, ne perde aussi ses qualités musculaires et ne soit transformé en tissu fibreux qui plus tard enserrera les filets nerveux et pourra, par sa rétraction, déterminer la conicité des moignons.

C'est en raison de ces faits, et en raison aussi de la méthode antiseptique qui met à l'abri de la mortification, que M. Tripier conseille d'employer l'amputation à lambeaux cutanés. On devra se souvenir que le but à atteindre dans la coupe des muscles est la section perpendiculaire, mais sans que l'os ou les os soient en saillie. Il faut donc la pratiquer en plusieurs temps en s'inspirant de ce fait que les muscles superficiels se rétractent davantage que les muscles profonds, et que parmi les superficiels il en est qui se rétractent beaucoup, d'où nécessité de faire la section en plusieurs temps. Quant à la coupe de l'os, elle devra être faite de telle façon qu'elle ne laisse aucun point saillant sous la surface cutanée.

C. — *Indications des amputations dans les cas compliqués d'infection générale.* — (In thèse Meurer, 1887.)

Se plaçant surtout au point de vue de la septicémie gangreneuse, M. Tripier repousse l'amputation.

Le malade, s'il n'est complètement intoxiqué, guérira sans amputation ; un traitement local énergique, un traitement général bien appliqué suffiront ; s'il est complètement infecté, il mourra, qu'on l'ampute ou non. Il y a là comme une sorte de question de dosage. Si le sujet est complètement infecté, l'amputation supprimera le foyer, le point de départ de l'infection ; mais cette opération n'aura naturellement aucune influence sur le poison actuellement en présence dans le courant circulatoire. L'amputation à ce moment ne pourra qu'affaiblir le sujet et le mettre dans des conditions de moindre résistance.

D. — *Sur un nouveau procédé de désarticulation des membres.* — (Association française pour l'avancement des sciences. Congrès de Lyon, 1873.)

Application à la thérapeutique chirurgicale et à la médecine opératoire des recherches expérimentales communiquées au Congrès de médecine de Lyon, 1872.

C'est ainsi que M. Tripier a obtenu, dans une amputation sous-condylienne du fémur, une reproduction remarquable après dénudation et section des condyles. On diminue ainsi la saillie du moignon et on peut recouvrir plus facilement l'extrémité inférieure du fémur que lorsqu'on a recours à la désarticulation du genou.

E. — *Compression de l'artère brachiale par la flexion de l'avant-bras sur le bras.* — (Comptes rendus de la Société des Sciences médicales de Lyon, 1869.)

Dictionnaire encyclopédique des Sciences médicales, article Artère brachiale (pathologie chirurgicale).

Ces recherches ont été utilisées par M. Léon Tripier pour la rédaction de son article Artère brachiale du *Dictionnaire encyclopédique des Sciences médicales.*

Jusqu'à ce jour, on avait cru que la flexion de l'avant-bras sur le bras suspendait le pouls dans les artères du poignet et l'on avait mis cette suspension du cours du sang sur le compte de la flexion des parois de l'artère brachiale. Au point de vue pratique, on avait conseillé de fléchir fortement l'avant-bras sur le bras pour empêcher ou arrêter les hémorragies dans les plaies de la main ou de l'avant-bras. Or, il résulte des recherches de M. Léon Tripier : 1° que la flexion de l'avant-bras sur le bras ne suspend pas constamment le pouls dans les artères du poignet ; 2° que cette suspension du cours du sang lorsqu'elle existe doit être mise sur le compte de l'action musculaire ; 3° qu'au point de vue pratique il est au moins imprudent d'employer la flexion seule de l'avant-bras sur le bras, attendu que, même chez les sujets fortement musclés, l'arrêt du cours du sang supposant la mise en jeu de l'action musculaire, celle-ci ne peut durer que quelques secondes et le relâchement musculaire ne s'opposant plus au libre cours du sang, l'hémorragie pourra reparaître et le malade mourir.

XI. — Opérations autoplastiques

A. *Opération autoplastique destinée à maintenir la béance du méat après section accidentelle ou opération sur la verge.* — (In thèse de Charles-Emile Félix, Lyon, 1883).

L'auteur relate l'observation d'un malade du service de M. le professeur Tripier qui après une section volontaire de la verge eut une atrésie consécutive et progressive de l'orifice antérieur du canal. Devant l'insuffisance des résultats obtenus par la dilatation temporaire, M. le professeur Léon Tripier dissèque et attire le canal : il circonscrit ensuite l'ouverture et dissèque surtout en haut et sur les côtés, un peu moins par en bas. Il excise par en haut toute la portion cicatricielle médiane en V allongé et retourné, fait la suture, ce qui permet d'attirer et maintenir le canal par en bas. Ceci fait, il enlève un croissant de peau au-dessus du canal, excise les portions cicatricielles que présente ce dernier à sa partie antérieure, le fend par en bas et passe des fils à chacun des angles. Enfin, il taille un petit lambeau qui doit être interposé entre les lèvres de la section du canal. Points de suture au catgut pour réunir les parties entre elles. Malgré l'indocilité du malade, le résultat obtenu a été très satisfaisant et le malade se trouve porteur d'un méat en tromblon parfaitement béant.

B. *Restauration de la lèvre inférieure par le procédé d'un lambeau muqueux à double pédicule.* — (Société des sciences médicales, 1883).

C. *Description d'un nouveau procédé pour refaire le bord libre de la lèvre au moyen d'un lambeau muqueux en forme de pont.* — (In thèse Imbert, Lyon, 1883).

Développement de la communication précédente.

L'auteur a consacré sa thèse inaugurale à la description d'un procédé qu'avait indiqué M. Tripier. Le lambeau en forme de pont se compose d'une bandelette de muqueuse, allongée en forme de quadrilatère, détachée des parties molles sauf à ses deux extrémités qui sont ses points d'implantation.

La partie moyenne du lambeau est très mobile et peut se déplacer par un mouvement de translation autour de l'axe qui passe par ses points d'adhérence, et sans torsion de ce double pédicule. Suivant qu'il doit servir à la restaurarion d'une des deux lèvres, ou d'une des commissures, sa direction sera longitudinale et parallèle à l'axe transversal de la bouche, ou bien curviligne, la concavité embrassant la commissure à réparer qui lui sert de centre de courbure.

Dans le premier cas, le lambeau est pris sur une seule lèvre. Ses deux points d'insertion se trouvent sur cette même lèvre au niveau des commissures.

Dans le deuxième cas, les extrémités des lambeaux sont sur deux lèvres différentes, le milieu correspond à la commissure à réparer.

Le lambeau de muqueuse est destiné à venir recouvrir le bord libre du lambeau cutané, façonné préalablement de manière à reconstruire une lèvre se rapprochant le plus possible de sa forme primitive.

La taille du lambeau muqueux se fait par dissection et dédoublement de la lèvre. Il est libéré et rendu mobile par une incision libératrice siégeant dans le repli gingivo-labial. Dans le cas où la lèvre correspondante n'aurait pas de muqueuse saine, on pourra emprunter le lambeau muqueux à l'autre lèvre. La suture se fera en bordant le rebord cutané en avant. Quant à l'incision libératrice gingivo-labiale, elle sera pansée à plat en ayant soin de maintenir à sa surface de la gaze iodoformée à l'aide de quelques points lâchés, ou mieux de deux fils métalliques, parcourant toute l'étendue de la surface cruentée au milieu de laquelle ils s'entrecroisent en X et dont les bords sont ramenés et fixés les uns aux autres par-dessus la gaze.

Quand le lambeau muqueux sera destiné à la réfection d'une commissure, la suture antérieure se fera comme dans le cas précédent par bordure. Elle sera facilitée par le développement de la courbe commissurale par des tractions opérées sur chaque lèvre, de façon à la rapprocher autant que possible d'une ligne droite. Ce procédé de réfection du bord libre a l'avantage énorme de donner à la lèvre une épaisseur et sorte de revêtement muqueux, de sorte que la forme et la fonction sont également conservées.

D. — *Restauration de la lèvre inférieure.* — (In thèse Imbert, 1883.)

L'auteur décrit un procédé de restauration de la lèvre inférieure emprunté à Langenbeck et auquel M. le professeur Tripier a fait subir des modifications.

En raison des emprunts qu'il a fait aux divers auteurs pour la constitution de son procédé, M. Tripier lui a donné le nom de méthode à lambeau de Langenbeck-Volkmann-Trélat.

Il consiste essentiellement à restaurer la lèvre inférieure au moyen d'un lambeau autoplastique emprunté à la peau du menton d'un côté, relevé au niveau du bord libre de la lèvre et maintenu au moyen d'un éperon laissé adhérent au menton du côté opposé.

Ce procédé peut et doit être combiné avec l'emploi du lambeau muqueux en forme de pont.

E. — *Atrésie buccale.* — (Comptes rendus de la Société des Sciences médicales de Lyon, 1890.)

Il s'agit d'une atrésie baccale cicatricielle consécutive à des éruptions impétigineuses datant de l'âge de cinq mois. A son entrée à l'Hôtel-Dieu, la bouche admettait à peine le petit doigt.

M. Tripier agrandit l'orifice buccal par excision de chaque côté d'un petit lambeau cutané triangulaire, bilatéral et interne de la muqueuse à la peau après excision des parties altérées par la formation de la cicatrice. Le résultat est très bon et le petit malade a une bouche dont les commissures répondent en dehors à la ligne des pupilles.

F. — *Du lambeau musculo-cutané en forme de pont appliqué à la restauration des paupières.* (Comptes rendus Académie des sciences, 1889.

C'est à Blandin qu'on attribue généralement la première tentative faite en vue de reconstituer une paupière douée de ses mouvements. Réussit-il ? La chose est révoquée en doute par ses contemporains. Quant à ses successeurs, ils se contentent d'enregistrer le fait sans le donner comme exemple à imiter : « Cette tentative, dit M. Verneuil, est restée tout-à-fait isolée et personne n'a pensé que je sache à greffer des faisceaux musculaires pour rétablir les sphincters, ou donner de la mobilité aux voiles membraneux. » A notre époque, les données fournies par l'expérimentation doivent faire hésiter les chirurgiens qui seraient tentés de répéter l'opération de Blandin. En effet, comment tailler un lambeau, de manière à le faire pivoter sur son pédicule, sans s'exposer à couper les filets nerveux se rendant aux fibres musculaires destinées à doubler le lambeau. Mais même en admettant que les filets nerveux aient pu être respectés, est-on bien sûr que les fibres musculaires sectionnées ne subissent pas la dégénérescence graisseuse? Il ne faut pas oublier qu'après les amputations des membres les lambeaux doublés de muscles plus ou moins épais, n'en contiennent plus au bout de six mois.

Pour réussir, il est indispensable de recourir à un procédé qui permette d'une part, de couper le moins de filets nerveux (facial), d'autre part de respecter la continuité des fibres musculaires (orbiculaire) ; or ce procédé consiste à prendre un lambeau en forme de pont taillé de telle sorte que les bords de la peau correspondent à la couche des fibres musculaires. De cette façon, on passe en quelque sorte entre ces derniers et il n'y a qu'un très petit nombre de fibres nerveuses intéressées.

L'opération a été faite plusieurs fois par M. Tripier qui croit pouvoir conclure de la façon suivante : que le lambeau musculo-cutané en forme de pont appliqué à la restauration des paupières permet de leur rendre tout à la fois la forme et le mouvement.

a). — A l'aide de ce lambeau pris sur la paupière supérieure on peut refaire complètement la paupière inférieure.

b). — En prenant un lambeau analogue, immédiatement au-dessus du sourcil, on peut restaurer certaines pertes de substance intéressant la moitié, voire même les deux tiers de la paupière supérieure.

G. — *Du lambeau musculo-cutané en forme de pont appliqué à la restauration des paupières.* (Revue de chirurgie, 1889.)

Relation de deux observations avec planches. Description détaillée du procédé employé pour la restauration de la paupière inférieure et de la paupière supérieure.

H. — *Du double plan de lambeaux comme moyen de réparer certaines pertes de substances intéressant à la fois les parties molles et le squelette de la région sous-orbitaire.* (Bulletin de l'Académie de méd. 1889. Revue de chirurgie, 1889.)

M. Tripier a eu deux fois l'occasion d'employer le procédé qui fait l'objet de sa communication.

Il relate ces deux faits et accompagne les observations de planches qui permettent de suivre le détail de l'opération. Dans le premier cas, il s'est heurté à des difficultés qui n'ont pas permis d'obtenir tout le résultat désiré.

Dans le second cas, il s'agissait d'une épitélioma siégeant immédiatement au-dessous de la paupière inférieure et propagé au squelette.

Après ablation de la tumeur et raclage de l'os on panse à plat se réservant d'intervenir, s'il n'y a pas de récidive, pour combler les pertes de susbtance.

Trois mois après, pas de traces de récidive, mais la perte de substance semble s'être agrandie, enfin il s'est produit malgré la suture des paupières un ectropion très accusé de la paupière inférieure.

Les paupières sont à nouveau suturées, puis les bords de la perte de substance disséqués et libérés, M. Tripier taille ensuite de chaque côté de la perte de substance de petits lambeaux en forme de volets qui doivent être retournés de telle sorte que la surface cutanée regarde en arrière et la surface cruente en avant. Il faut que l'axe de ces lambeaux soit oblique par rapport à la perte de substance. De cette façon le grand lambeau en forme de pont s'adaptera mieux; une fois disséqués les lambeaux seront retournés de façon à affronter leur bord libre; on suture ensuite le bord supérieur avec la lèvre profonde correspondante et la lèvre du bord inférieur avec la lèvre profonde également.

On taille ensuite un grand lambeau en forme de pont pour recouvrir la plaie réprésentée par la surface cruentée de petits lambeaux au milieu et la perte de substance résultant de la prise de ces lambeaux de chaque côté. Ce lambeau sera circonscrit par deux incisions courbes parallèles au-dessus des sourcils, disséqué en ménageant les fibres musculaires sous-jacentes ainsi que les fibres nerveuses, puis abaissé et fixé sur la plaie de la région sous-orbitaire.

La perte de substance siégeant au-dessus du sourcil sera facilement comblée par un lambeau oblique de dehors en dedans et de bas en haut.

I. — *Restauration des paupières.* — (In thèse de Chantre, Lyon, 1890).

L'auteur a étudié les différents procédés qui constituent les communications précédentes et donne les résultats des opérations faites par M. Tripier et revues longtemps après l'intervention.

M. Tripier pense, que si, par suite de la dégénérescence des fibres musculaires, la mobilité ne persiste pas, l'opéré aura toujours une bonne paupière et pourra amener l'occlusion de son œil par un mécanisme étudié par l'expérimentation chez les animaux. Après la section des nerfs de l'orbiculaire en effet on voit au bout d'un certain temps reparaître l'occlusion de l'œil. Elle se produit grâce à l'intervention des muscles périphériques et à la rétraction du globe oculaire.

L'auteur fait, en terminant, connaître un procédé de restauration de la paupière inférieure signalé par Gradenigo et que M. Tripier a employé à la suite d'une perte totale de la paupière chez un lupique.

Il consiste essentiellement dans la suture des paupières ou plutôt de la paupière supérieure aux restes de la paupière inférieure et la réfection de cette dernière aux dépens de l'autre en déplaçant l'ouverture palpébrale.

J. — *Autoplastie de la paupière inférieure.* — (Société des sciences médicales de Lyon, 1891).

Néoplasme. Excision en respectant le bord libre sain qui est suturé au bord libre de la paupière supérieure. On obtient une perte de substance qui est comblée à l'aide d'un lambeau pris sur la joue et remonté pour soutenir le bord libre. La nouvelle perte de substance se présente alors sous la forme d'un croissant à bord supérieur rectiligne, à bord inférieur courbe. En les rapprochant directement, l'inférieur plus long fait un pli qui empêche l'adaptation. On excise alors un trapèze de peau dont un côté reprend son prolongement du bord supérieur, un autre répond au pli naso-génien, un autre répond au prolongement du bord inférieur. Le bord cutané inférieur pénètre alors dans l'angle ainsi formé et l'adaptation est parfaite.

K. — *Destruction partielle du nez par morsure.* — *Restauration par décortication et abaissement.* — (Congrès de chirurgie, Paris, 1891).

Il s'agit d'une jeune femme de 27 ans qui avait eu l'extrémité du nez (lobule et ailes), enlevé par un coup de dent de son mari. Traitée par de simples pansements, elle présentait à son entrée dans le service de M. Tripier, plusieurs années après l'accident, un aspect particulier, presque repoussant. Les narines, largement ouvertes, s'offraient béantes, séparées par une cloison saillante en avant. Le lobule faisait absolument défaut. C'est pour remédier à cette difformité que M. Tripier mit en œuvre le procédé qui fit l'objet de sa communication.

Il procéda en abaissant un lambeau en forme de V renversé à pointe située en haut et correspondant à la ligne dorsale. Ce lambeau abaissé, il comble la perte de substance tout en maintenant en place son lambeau par le rapprochement sur la ligne médiane de deux lambeaux ou volets latéraux à pédicules supérieurs qui sont réunis au niveau de l'arête dorsale. Les nouvelles pertes de substances situées sur les parties cutanées et résultant du déplacement de ces deux lambeaux sont abandonnées à une cicatrisation secondaire et le tissu cicatriciel qui s'y développera devra relever l'extrémité externe des ailes en faisant surplomber le lobule de nouvelle formation. Des opérations correctrices sont ensuite pratiquées secondairement sur la cloison saillante et sur les ailes pour en rectifier le bord.

Ce procédé permet de dissimuler en grande partie les cicatrices en les déjetant dans les sillons naso-lobaires et naso-géniens. La cicatrice dorsale franchement exposée ne heurte pas la lumière et paraît à peine.

On se trouve ainsi avoir reconstitué le lobule et masqué l'ouverture des narines sans avoir causé de désordres au point de vue esthétique.

XII. — Thérapeutique chirurgicale

A. — *Traitement des fistules à l'anus.* — (In thèse de Françon, Lyon, 1884).

Pour M. Tripier le seul traitement des fistules anales est l'incision en se servant d'un spéculum anal particulier qu'il a fait construire sur le modèle de son dilatateur-gouttière et qui permet de poursuivre tous les trajets à ciel ouvert. Après hémostase au thermocautère, les trajets incisés sont débarrassés des portions de peau amincies et incapables de vivre et nettoyés à la curette. La cicatrisation est obtenue à plat et à l'abri des matières grâce à un pansement spécial. Ce pansement consiste en un tube de caoutchouc de gros calibre entouré de gaze iodoformée et présente une courbure qui doit correspondre à la concavité du sacrum. Ce tube introduit dans le rectum a pour avantage de rendre complète l'occlusion de la plaie qui maintenue béante n'est en contact qu'avec la gaze iodoformée. Les gaz intestinaux peuvent s'échapper par le tube qui les conduira au dehors. Ce mode de pansement a en outre l'avantage de faire de la compression, d'immobiliser les parois rectales dans les parties correspondantes à son trajet. Inutile de dire qu'un régime spécial, avant et après l'opération, diminuera et empêchera le retour trop rapide des selles.

B. — *Traitement des abcès du sein.* — (In thèse Piante, Lyon, 1885).

Quand les moyens prophylactiques n'ont pu prévenir le développement d'une mastite et que le traitement par la glace que M. Tripier considère comme le meilleur n'a pu empêcher la formation du pus, il faut ouvrir. Tous les abcès du sein, quels que soient leur volume et leur siège, doivent être ouverts le plus tôt possible. Donc incision hâtive au niveau du point fluctuant puis, en partant de la cavité, drainage par contre-ouverture aux points déclives avec drains debout. Les lavages ne doivent être pratiqués dans la cavité que lors de l'intervention, car dans la suite le passage du liquide empêcherait l'organisation des produits de réparation, à moins toutefois que l'élévation de la température ne commande une autre conduite.

Avantage de la méthode au point de vue de la rapidité de la guérison, de la conservation de la forme, de la régularité des cicatrices et de la disparition rapide des douleurs.

C. — *Traitement des plaies tendineuses et musculaires.* — (In thèse Thiodet, Lyon, 1885).

Le traitement des plaies des tendons et des muscles par la suture doit être préféré à l'immobilisation simple du membre dans un appareil inamovible quelconque. La méthode antiseptique met à l'abri des complications et on ne craindra pas de faire des débridements même des gaines ostéo-fibreuses pour mettre en rapport les bouts sectionnés.

Les extrémités tendineuses seront rapprochées à l'aide de suture au catgut ou au fil métallique, à points perdus, l'expérience ayant démontré que ceux-ci sont parfaitement supportés quand la plaie est aseptique.

Une situation convenable des parties entretiendra le contact et évitera les tiraillements. Avec cette pratique, les adhérences de la cicatrice cutanée aux tendons sous-jacents pourront être le plus souvent évités complètement. Dans tous les cas, s'il y a eu suppuration elles seront bien moins subies et moins étendues et pourront même disparaître complètement par la suite.

D. — *Dilatation rapide et uréthrotomie interne.* — (In thèse Jantet, Lyon, 1886).

M. Tripier a pratiqué à l'Hôtel-Dieu de Lyon trente fois environ l'uréthrotomie interne sans avoir eu à déplorer un seul cas de mort. Dans sa clientèle privée, il a eu l'occasion de la faire quinze fois. Il a perdu un seul de ses opérés qui a succombé à la septicémie uréthrale. La dilatation rapide ne semble pas supérieure à la dilatation progressive et elle est certainement inférieure à l'uréthrotomie interne qui ne pourrait être considérée comme une opération dangereuse. L'uréthrotomie interne offre une supériorité incontestable sur l'uréthrotomie externe qui ouvrant à la fois une plaie cutanée et uréthrale offre ainsi deux portes d'entrée possible à l'infection.

E. — *Des indications opératoires dans le cancer du rectum.* — (In thèse de Fayard, Lyon, 1891).

Se basant sur des autopsies qui avaient révélé la présence de ganglions alors que rien dans l'examen clinique n'avait pu faire soupçonner leur existence, M. Tripier croit qu'avant d'intervenir il faut tenir grand compte à ce point de vue non seulement de l'étendue en hauteur du néoplasme mais encore du temps probable depuis lequel il a débuté. Les ganglions envahis remontent parfois très haut et M. Tripier insiste plus particulièrement sur un groupe pelvien situé sur la surface quadrilatère qui correspond en dedans à la cavité cotyloïde.

La méthode de Kraske pas plus que les méthodes antérieures ne permet d'enlever toujours la totalité des lésions.

F. — *Du traitement chirurgical de l'affection calculeuse chez la femme.* — (In thèse J. Gauthier, Lyon, 1887).

A toute opération sanglante, M. Tripier préfère, dans l'extraction des calculs ou des corps étrangers urinaires, mettre à profit la brièveté et la dilatabilité de l'urèthre.

La dilatation constitue donc la méthode de choix dans les cas de calculs de moyen volume. Toutefois elle ne devra pas être poussée au-delà de 20 à 30 millimètres. Les lésions graves de l'appareil urinaire seront une contre-indication absolue et on devra dans ce cas employer la cystotomie vaginale qui par la position déclive de l'incision permettra l'écoulement facile des urines. Il en sera de même dans les cas de calculs très volumineux.

G. — *Ablation des tumeurs bénignes du sein.* — (In thèse de Jacob, Lyon, 1890.

Après les procédés ordinaires d'amputation partielle, la mamelle n'a plus sa forme ordinaire. Dans le point correspondant à la partie de la glande enlevée existe une dépression d'autant plus marquée que l'ablation a été plus large. Le sein est affaissé, le mamelon peut être rétracté et la peau adhère avec les parties profondes. Ce sont ces inconvénients, qui chez une femme jeune ne sont pas sans avoir une grande importance qui ont conduit M. Tripier à faire d'une part la suture profonde de la glande et de l'autre la suture de la peau c'est-à-dire deux plans de suture superposés.

Après incision des plans superficiels, la tumeur est divisée par le milieu jusqu'à la rencontre du tissu sous-mammaire. On excise ensuite séparément et par tranches les deux moitiés jusqu'à ce qu'on soit dans le tissu sain. La partie enlevée a la forme d'un segment triangulaire à base située à la périphérie de la glande. Pour remédier à cette perte de substance il suffit alors, après avoir drainé l'espace sous-mammaire de rapprocher les deux surfaces de section glandulaire en les faisant pivoter autour du mamelon comme axe à l'instar des lames d'un éventail japonais qu'on veut ouvrir. Dans les cas de tumeurs énucléables la suture de la glande doit aussi être employée. Combinée avec des incisions cutanées dissimulées, ce procédé opératoire assure la conservation de la forme de la mamelle.

II. — *Intervention opératoire dans les luxations compliquées de fratures.* — (Congrès français de chirurgie, 1886).

M. Tripier chez un malade atteint de fracture de la tête humérale avec luxation sous-coracoïdienne de cette tête a essayé la réduction sans succès. Mais constatant l'absence du pouls axillaire il a largement ouvert, reconnu un obstacle entre la cavité glénoïde qui l'a contraint à faire l'extirpation de cette tête. Il y avait comme obstacle mécanique à la réintégration de la tête humérale des débris d'os qu'il fallut enlever.

M. Tripier est intervenu dans ce cas à cause des phénomènes vasculaires observés et il cite à ce propos le cas d'un autre blessé de 35 ans qui se luxa et se fractura l'épaule. Par le fait de l'accident ou bien à la suite de tentatives intempestives, immodérées, de réduction, il y eut des phénomènes de sphacèle et l'autopsie révéla des lésions vasculaires importantes. En conséquence, M. Tripier croit pouvoir conclure qu'en présence de troubles vasculaires on doit s'abstenir de toute espèce de manœuvres de réduction. L'intervention opératoire pourra parfois faire cesser ces troubles en supprimant les causes de compression.

En cas de blessure des vaisseaux elle pourra permettre les ligatures que comportera la blessure.

En l'absence de troubles vasculaires, on doit tenter de réduire, mais en cas d'echec on est autorisé à intervenir directement à condition que les fragments soit en rapport l'un avec l'autre. Dans le cas contraire, il vaut mieux recourir à la méthode des mouvements, quitte à extirper plus tard la partie luxée si c'est nécessaire.

I. — *Fracture de rotule traitée sans immobilisation par la compression, le massage et les mouvements de l'articulation.* — (Comptes rendus de la Société des sciences médicales de Lyon, 1886). — *Lyon médical*, 1888, article de M. Raffin, chef de clinique.

J. — *De l'épanchement sanguin comme cause de l'impotence du membre après les fractures de la rotule.* — (Congrès français de chirurgie, Paris, 1889).

De l'examen anatomique d'une fracture de rotule observée chez une vieille femme morte au deuxième jour, M. Tripier croit pouvoir tirer quelques conclusions relatives à la cause de l'impotence et de l'atrophie à la suite des fractures de la rotule. Il a été frappé d'une part, de l'abondance de l'épanchement sanguin qui infiltrait les deux muscles vaste interne et vaste externe, épanchement qui avait son origine dans l'articulation, et d'autre part, de l'intégrité du droit antérieur. Ce fait lui a paru démontrer le rôle de l'épanchement et de l'arthrite comme cause de l'impotence fonctionnelle et de l'atrophie du triceps suivant la théorie soutenue par MM. Richelot et Larger. Des injections d'indigo faites sur le cadavre après débridement de la synoviale sur les parties latérales de la rotule ont donné des résultats analogues et permettent de généraliser le fait. On peut en tirer les deux conclusions thérapeutiques suivantes :

Suivant la méthode de Tilanus il faut dans le traitement des fractures de la rotule proscrire les appareils inamovibles et avoir recours au massage.

K. — *Du massage dans le traitement des fractures de la rotule.* — (Huot, thèse de Lyon, 1890).

La pratique de M. Tripier est exposée dans cette thèse ainsi que les résultats obtenus. Il résulte des observations qui y sont rapportées que cette méthode a l'avantage d'être à la portée de tous, d'être exempte de danger, de permettre de marcher au bout de quelques jours et de donner des résultats fonctionnels bien supérieurs à ceux observés par les autres méthodes de traitement.

PUBLICATIONS DIVERSES

I. — Communications diverses

Observation d'arthrite sèche ou ostéophytes des articulations scapulo-humérales. — Bulletin de la Société anatomique, 1866,

Anévrysme de l'aorte abdominale guéri spontanément par un caillot très résistant feuilleté. — Observation et présentation de pièces (Société anatomique, 1866).

Trois cas de névralgie rebelle du dentaire inférieur.—Excision. Société de chirurgie, 1888.

Application de la transparence aux figures destinées à l'enseignement pratique. — Congrès de Londres. — *Lyon médical*, 1881.

C'est en cherchant le moyen de montrer la même figure à droite et à gauche sans la répéter que l'idée vint à M. Tripier d'employer la transparence. A cet effet il a fait dessiner sur le papier transparent d'architecte diverses figures de médecine opératoire qui sont collées sur des verres enchassés puis vernis. On peut avoir ainsi une collection de figures transparentes qu'il suffira d'appliquer contre une fenêtre pour les mettre en lumière avec une parfaite netteté.

Myome cystique de la mamelle.

Des effets produits sur des lapins par l'ingestion de substances tuberculeuses et cancéreuses prises sur l'homme.

Observation de blessure (épée de combat) de l'aorte ascendante ; mort par hémorrhagie. Examen anatomo-pathologique, 1872.

Chéiloplastie, 1883.

Présentation d'un membre qui a subi l'opération à laquelle M. Tripier donne le nom d'opération de Langenbeck-Volkmann-Trélat.

Dilatateur-gouttière pour la pratique des contre-ouvertures et l'établissement des drains, 1883.

Septicémie gangreneuse, 1883.

Septicémie puerpérale, 1883.

Tuberculose des os, 1883.

Soulier orthopédique, 1884.

Modifications apportées dans la construction des appareils à tuteurs métalliques pour le membre inférieur, 1884.

Subluxation spontanée du poignet, 1884,

Chlorure de méthyle dans la sciatique, 1885.

Fracture de la rotule traitée par l'immobilisation, par la compression, le massage et les mouvements de l'articulation, 1886.

Atrésie buccale, 1890.

Kyste dermoïde de l'ovaire, 1891.

Epithéliome de la lèvre, 1891.

Thyroïdectomie. Aphonie consécutive, 1891.

Cancroïde de la lèvre supérieure, 1891.

Sur la bronchite pseudo-membraneuse, 1869.

Sur un cas de tumeur leucémique du foie. Examen anatomo-pathologique.

Cas d'hydrosarcome du genou. Examen anatomo-pathologique.

Cas de lupus. Examen anatomo-pathologique.

Myxo-sarcome.

Section du nerf médian pour un tétanos traumatique.

Paralysie du nerf radial.

Syphilis ayant occasionné la mort.

Tétanos traumatique à la suite de fracture, 1869.

Cas de cancer de l'utérus avec altération des reins. Considérations anatomo-pathologiques.

Sur quelques cas de placentas pathologiques. Examen histologique.

Résection primitive de l'articulatisn tibio-tarsienne.

Cas de sarcome du fémur.

Observation d'avortement chez une amputée.

Chancre à siège insolite.

II. — Mémoires et comptes rendus de la Société des sciences médicales de Lyon

Sur un cas de rachitisme pendant la vie intra-utérine. Note, 1863.

A propos d'une présentation de M. Icard, M. Léon Tripier a étudié un fœtus qui présentait les altérations caractéristiques du rachitisme ayant parcouru toutes les périodes dans le sein de la mère et arrivé à la période d'éburnation.

Kyste du corps thyroïde guéri par la cautérisation, récidive, mort subite, 1863.

Importance du siège de la douleur en ce qui concerne le point où doit être pratiquée la gastrotomie dans le cas d'étranglement interne, 1864.

M. Tripier rappelle l'observation d'un malade de la salle Saint-Jean qui accusait une douleur dans un point fixe du côté droit du ventre. L'opération fut pratiquée dans ce point et le malade étant mort l'autopsie démontra que l'étranglement existait de ce côté et qu'il était causé par l'enroulement autour d'une anse intestinale de l'appendice iléo-cæcal. M. Tripier croit qu'on peut tirer de cette localisation fixe de la douleur un enseignement au point de vue du siège de l'incision exploratrice.

Sur un cas de tumeur kéloïde développée dans la cicatrice résultant de l'ablation d'une tumeur fibreuse du lobule de l'oreille. Note et pièce pathologique.

La tumeur, examinée au microscope, présente non seulement les signes de l'hypertrophie, mais encore ceux de l'hyperplasie du tissu conjonctif. M. Tripier signale en outre la présence de la même altération dans le tissu conjonctif interlobuaire de la parotide qui n'a pas été mentionné, croit-il, avant lui.

Sur un cas de cancroïde de la conjonctive oculaire qui avait envahi les couches de la cornée. Note et pièce pathologique, 1865.

Sur un cas de résection sous-periostée du coude, 1865.

Sur l'emploi de l'électricité en chirurgie, 1865. Mouvement médical, 1872.

Tumeur myéloïde du maxillaire supérieur. Note et pièce pathologique, 1865.

Pemphygus des nouveau-nés, 1865.

Observation de testicule tuberculeux, 1865.

Rapport sur le mémoire de M. Béraud, traitant d'une lésion du cervelet dans un cas de fièvre catarrhale, 1866.

Tumeur labiale, 1867.

La tumeur infiltrait l'épaisseur de la lèvre par un prolongement vertical plongeant facilement appréciable au toucher. M. Tripier, après l'avoir consconscrite au bistouri par deux incisions superficielles courbes portant sur la muqueuse et la peau, dissèque l'une et l'autre qu'il réunit ensuite après ablation de la tumeur. On a ainsi conservé la forme du bord libre et assuré l'ablation totale de la tumeur que l'examen microscopique révéla être de nature sarcomateuse.

Cas d'ataxie locomotrice chez un chien, 1868.

Kyste de l'ovaire. Opération d'ovariotomie. Examen de pièces pathologiques, 1868.

Observation de maladie kystique du sein, 1868.

Sur le passage des leucocytes à travers les membranes.

Cas de mélanose généralisé. Examen anatomo-pathologique, 1868.

Compression de l'artère brachiale par la flexion de l'avant-bras sur le bras, 1869.

Affection cutanée de nature douteuse. (Observation).

Albuminurie syphilitique. (Observation).

Amputation de Pirogoff, 1884.

Anévrysmes multiples, 1887.

Utilité de l'intervention hâtive dans les tumeurs blanches du genou d'origine osseuse, 1884.

En présence d'un cas de tumeur blanche (forme osseuse), on ne saurait suivre de trop près le malade et dès qu'on trouvera un point douloureux d'abord, puis pâteux, ramolli à plus forte raison, si la peau est rouge et qu'on sente nettement la fluctuation, il faut intervenir avec la curette. La résection proprement dite n'est qu'un pis-aller ; elle n'offre pas plus de garantie au point de vue du but qu'on poursuit et donne des résultats fonctionnels déplorables chez l'enfant, seulement passables chez l'adulte, à condition toutefois qu'on ne retranche pas une trop grande quantité de tissu osseux.

Fibrome de la grande lèvre.

Cancroïde labial, 1885.

Cancroïde de l'angle interne de l'œil.

Autoplastie par un lambeau frontal médian. Avantage de cette méthode. Cicatrice dans un point défini, verticale.

Pour réparer la perte de substance il n'est pas besoin de déplacer le sourcil, ce qui a une grande importance au point de vue de l'expression.

III. — Thèses auxquelles a collaboré M. Léon Tripier

A. — *Dépigmentation cutanée dans la phtisie pulmonaire*, par O. Jeannin, Paris, 1869. (Travail couronné par la Faculté de médecine).

Examen microscopique et planche. L'examen microscopique de la peau fait par M. Tripier a révélé une accumulation de granulations pigmentaires qui ne dépasse pas le réseau de Malpighi. Quant à la nature de ces granulations, M. Tripier a pensé que deux théories pouvaient être soutenues avec preuves. On peut les considérer comme pigment graisseux ou comme pigment provenant de la décomposition de l'hématine.

B. — *Etude sur les paralysies du membre supérieur liés aux fractures de l'humérus, suivie d'une observation de névroplasie traumatique généralisé aux lésions secondaires des articulations et des muscles*, par F. Reullet, Paris, 1869. (Travail couronné par la Faculté de médecine).

C. — *Recherches expérimentales sur les centres de température*, par J. Pochoy. (Travail couronné par la Faculté de médecine).

IV. — Thèses faites sous l'inspiration de M. Tripier

A. — *Des névralgies envisagées au point de vue de la sensibilité récurrente. Pathogénie et traitement.* (Thèse de Cartaz, Paris, 1875).

B. — *Etude expérimentale et clinique sur l'emploi de l'iodoforme.* (Thèse d'Alexandre Martin, Lyon, 1882).

C. — *Amputation de Chopart. Description d'un nouveau procédé opératoire.* (Thèse de Duchamp, Lyon, 1879).

D. — *Contribution à l'étude des abcès des parois thoraciques. Pathogénie et traitement.* (Thèse E. Giroud, Lyon 1882).

E. — *Mutilation volontaire des organes génitaux.* (Thèse Charles-Emile Félix, Lyon. 1883).

F. — *Etude sur la restauration de la lèvre inférieure suivie de la description d'un nouveau procédé pour refaire le bord libre au moyen d'un lambeau unique en forme de pont.* (Thèse Imbert, Lyon, 1883).

G. — *Thèse sur la subluxation spontanée du poignet en avant*, (Thèse de Félix, Lyon, 1884).

H. — *De la fistule anale. Etiologie et traitement.* (Thèse de Francou, Lyon, 1884).

I. — *Plaies tendineuses musculaires. Indications et traitement.* (Thèse de Thiodet, Lyon 1885).

J. — *Etude sur la genèse et le traitement des abcès du sein.* (Thèse G. Piante, Lyon, 1885).

K. — *Dilatation rapide et uréthrotomie interne.* (Thèse E. Jantet, Lyon, 1886).

L. — *Contribution à l'étude du traitement chirurgical de l'affection calculeuse chez la femme.* (Thèse J. Gauthier, Lyon, 1887).

M. — *Des amputations à lambeaux cutanés.* (Thèse de Meurer, Lyon, 1887).

N. — *Aseptie et antiseptie.* (Thèse de Mayet, Lyon, 1888).

O. — *Du massage dans le traitement des fractures de la rotule.* (Thèse de Huot, Lyon, 1890.

P. — *Etude sur la restauration des paupières.* (Thèse de Chantre, Lyon, 1890).

Q. — *Sur quelques points particuliers de l'étude des tumeurs bénignes du sein et de leur traitement.* (Thèse de Jacob, Lyon, 1890).

R. — *Des indications opératoires dans le cancer du rectum. Etude critique de la méthode de Kuske.* (Thèse de J. Fayard, Lyon, 1891).

V. — Articles de Dictionnaire

Dictionnaire encyclopédique des sciences médicales dirigé par Dechambre

Collaboration depuis 1868.

Articles :

1869. — *Brachiale* (artère) { Anatomie. Physiologie. Pathologie. Médecine opératoire.

1869. — *Loupe.*

1870. — *Lipome.*

1871. — *Mamelles* { Anatomie. Physiologie. Pathologie. Médecine opératoire.

1874. — *Rachitisme.*

1878. — *Nerfs* (pathologie chirurgicale).

1878. — *Névrotomie.*

1878. — *Névrome.*

III

ŒUVRES COMMÉMORATIVES

ORGANISATION D'UN COMITÉ DE SOUSCRIPTION

Le 20 juin 1892, un groupe d'amis de Léon Tripier, reprenant une idée émise le jour même des funérailles, invitait un certain nombre de personnes du monde scientifique et artistique de Lyon à se constituer en Comité de souscription dans le but d'élever un monument à la mémoire du défunt.

On répondit à son appel avec empressement et le jour même un Comité de 70 membres nommait son bureau.

Voici la liste du Comité :

MM.

ALBERTIN, pharmacien à Roanne (Loire).
ANDRÉ, architecte à Lyon.
ARLOING, professeur à la Faculté de médecine de Lyon, directeur de l'École vétérinaire.
AUGAGNEUR, professeur agrégé, gérant de la *Province médicale* à Lyon.
AUGIER, élève à l'École du service de Santé Militaire, Lyon.
BIANCHI, ancien interne des Hôpitaux de Lyon.
BOUCHARD, membre de l'Institut, Paris.
CHABRIÈRES-ARLÈS, trésorier-payeur général du Rhône.
CHAMBARD-HÉNON, ancien Interne des hôpitaux de Lyon.
CHANTRE (Édouard), moniteur à la Clinique chirurgicale de la Faculté, Lyon.
CHAUVEAU, membre de l'Institut, Paris.
CHENAVARD (Paul), à Paris.

MM.

De Coquerel, peintre à Lyon.
Crolas, professeur à la Faculté de Médecine de Lyon.
Détroyat, administrateur-directeur de l'Hôtel-Dieu de Lyon.
Devic, chef de Clinique à la Faculté de Médecine de Lyon.
Dollard, ancien interne des Hôpitaux de Lyon.
Dor (Louis), chef des travaux du Laboratoire de Clinique chirurgicale, Lyon.
Doyon, inspecteur des eaux d'Uriage.
Duchamp, chirurgien de l'Hôtel-Dieu de St-Etienne.
Dufraine, professeur à l'école des Beaux-Arts de Lyon.
Durand, interne des Hôpitaux de Lyon.
Duseigneur, archéologue, Paris.
Echernier, architecte à Lyon.
Etiévant, externe des hôpitaux de Lyon.
François-Franck, directeur du laboratoire de physiologie pathologique au Collège de France, Paris.
Frappa, peintre à Paris.
Gailleton, professeur à la Faculté de médecine, maire de Lyon.
Gangolphe, professeur agrégé à la Faculté de médecine de Lyon.
Giraud, président de la Commission médicale de la ville de Lyon.
Giraudon, président de l'Association générale des étudiants de Lyon.
Guillot, médecin-dentiste à Lyon.
Gros, chargé du cours d'anatomie à l'Ecole des Beaux-Arts de Lyon.
Hédin, directeur de l'Ecole des Beaux-Arts de Lyon.
Hirsch, architecte en chef de la ville de Lyon.
Holstein, directeur du Comptoir national d'escompte à Lyon.
Icard, bibliothécaire de la Faculté de médecine, gérant du *Lyon Médical*.
Lacassagne, professeur à la Faculté de médecine de Lyon.
Lortet, doyen de la Faculté de médecine de Lyon.
Mangini, président de la Société des amis de l'Université de Lyon.
Marduel, secrétaire général de la Société de Médecine de Lyon.
Marengos, à Marseille, ancien interne des hôpitaux de Lyon.
Mayet, professeur à la Faculté, président de la Société des sciences médicales de Lyon.
Mollard, médecin à Lyon.
Meurer, ancien chef de clinique à la Faculté de médecine de Lyon.
Morat, professeur à la Faculté de médecine de Lyon.
Nicaise, professeur agrégé à la Faculté de médecine de Paris.
Oberkampff, vice-président de la Société des amis de l'Université de Lyon.

MM.

Ollier, professeur à la Faculté de médecine de Lyon.
Orcel, chef de clinique à la Faculté de médecine de Lyon.
Perret, étudiant en médecine, Lyon.
Pollosson (Maurice), professeur agrégé à la Faculté de médecine de Lyon.
Prévost père, négociant à Lyon.
Pupier, médecin-consultant aux Eaux de Vichy.
Raymond, à Monplaisir, ancien interne des hôpitaux de Lyon.
Rebatel, à Lyon, membre du Conseil général du Rhône.
Reboul, ancien interne des hôpitaux de Lyon.
Repelin, trésorier de la Société des élèves des Beaux-Arts de Lyon.
Reverdin (Jacques), professeur à la Faculté de médecine de Genève.
Rondet, à Neuville, ancien interne des hôpitaux de Lyon.
Richard, négociant à Grenoble.
Sabran, président du Conseil général des hospices de Lyon.
Siraud, interne des hôpitaux de Lyon.
Soulier, professeur à la Faculté de médecine de Lyon.
Tédenat, professeur à la Faculté de médecine de Montpellier.
Tellier, ancien interne des hôpitaux de Lyon, à Lyon.
Tixier, externe des hôpitaux de Lyon.
Tollet, président de la Société des élèves de l'Ecole des Beaux-Arts de Lyon.
Truc, professeur à la Faculté de médecine de Montpellier.
Vallin, médecin-inspecteur, directeur de l'Ecole du service de santé militaire.
Viennois, membre de la Société des sciences médicales de Lyon.
Vinay, médecin des hôpitaux, Lyon.
Weill, professeur à la Faculté de médecine de Lyon.

Son bureau comprenait :

MM.

Lortet, doyen de la Faculte de Medecine, *President.*
Ollier, professeur à la Faculté de Medecine, *Vice-President.*
Hédin, directeur de l'Ecole des Beaux-Arts, *Vice-President.*
Sabran, Président du Conseil general d'Administration des Hospices, *Vice-Président.*

MM.

GANGOLPHE, professeur agrégé à la Faculté de Médecine, chirurgien de l'Hôtel-Dieu, *Trésorier*.

ARLOING, professeur à la Faculté de médecine, directeur de l'Ecole vétérinaire, *Secrétaire*.

Le bureau fut chargé d'adresser un appel aux souscripteurs afin de recueillir des fonds pour ériger un buste. Les souscriptions étaient reçues chez le trésorier du Comité, au bureau du *Lyon Médical* et au bureau de la *Province médicale*.

Le Comité de souscription se réunit de nouveau le 14 décembre 1892. Son président l'informa que la souscription avait pleinement réussi.

En présence d'un succès aussi complet, on décida d'ériger un buste en bronze qui serait offert à la Faculté de médecine pour décorer son grand vestibule, de faire exécuter un médaillon pour le monument funèbre de Léon Tripier, au cimetière de Sainte-Foy, de publier un opuscule sur le défunt, orné de la photographie du buste ou du médaillon, enfin de faire réduire le médaillon et de mettre la réduction à la disposition des souscripteurs qui voudraient l'acquérir.

Suivant le vœu exprimé par la famille, l'exécution du buste fut confié à M. Suchetet, statuaire à Paris, ancien élève de l'Ecole des Beaux-Arts de Lyon.

MM. Aubert et Devaux, statuaires lyonnais, briguant l'honneur d'exécuter le médaillon, furent invités à soumettre leur maquette au Comité. Dans une séance ultérieure, le Comité choisit le projet soumis par M. Aubert. La maquette présentée par M. Devaux fut acquise et offerte à l'Ecole des Beaux-Arts.

M. Hirsch, membre du Comité, fut prié de dessiner la gaîne destinée à supporter le buste et de veiller à la fixation du médaillon sur le monument de Sainte-Foy.

Les décisions du Comité devaient être exécutées aussi promptement que possible. Le médaillon a été placé au cimetière le 6 décembre 1893, deux ans après la mort de Léon Tripier. Le buste a été inauguré solennellement le 10 février 1894.

Léon TRIPIER

Médaillon par M. Aubert

SÉANCE D'INAUGURATION DU BUSTE

Le grand vestibule de la Faculté de médecine, dont le buste décore l'extrémité nord, avait été agencé pour la circonstance. Des fleurs et des arbustes mis obligeamment à notre disposition par l'administration municipale formaient deux superbes massifs à droite et à gauche du buste. Plus de trois cents personnes occupaient les sièges disposés dans la salle. Beaucoup d'étudiants ne purent s'asseoir.

Le cortège fait aux membres de la famille était donc imposant. Il comprenait, outre les membres de l'Université, un grand nombre de notabilités lyonnaises, M. Bouchard et M. Chauveau, membres de l'Institut, MM. les professeurs Reverdin, de Genève ; Tédenat, de Montpellier ; M. Charrin, professeur agrégé à la Faculté de médecine de Paris.

Le bureau du Comité tout entier assistait à la cérémonie.

Après un compte rendu des travaux du Comité lu par M. Arloing, secrétaire ; M. Lortet, président, rappela une partie peu connue de la vie de Léon Tripier ; il donna successivement la parole à M. Gangolphe, à M. Louis Dor et à M. Gros, qui, à des points de vue différents, entretinrent l'assistance du savant, du maître et de l'artiste dont les traits sont désormais fixés dans le bronze,

Nous allons reproduire textuellement les allocutions prononcées par les cinq orateurs.

Compte rendu des travaux du Comité, par M. Arloing

MESDAMES, MESSIEURS,

Il y a plus de deux ans, avant qu'on soit remis de la douloureuse surprise causée par la mort inattendue de Léon Tripier, le jour même de ses funérailles, quelques-uns de ses élèves et de ses amis, exprimaient le vœu qu'un buste fût élevé à la mémoire de celui qui leur était si brusquement arraché.

Ce vœu était sincèrement au fond du cœur d'un grand nombre de personnes ayant pu apprécier les éminentes qualités du défunt, car six mois après, alors que souvent le temps a déjà voilé le souvenir de ceux qui ne sont plus, l'idée émise aux premières heures de tristesse émue et reconnaissante fut reprise et accueillie avec empressement dans le milieu lyonnais.

En effet, le 20 juin 1892, un noyau d'amis intimes de Léon Tripier, présidé par M. Lortet, doyen de la Faculté de médecine, prenant l'initiative d'une réunion dans le but de créer un comité de souscription, groupa immédiatement 70 personnes prêtes à fournir leur concours matériel et moral pour élever un monument digne du chirurgien, du maître et de l'ami.

Le comité définitif emprunta ses membres aux institutions auxquelles Léon Tripier était attaché : à la Faculté de médecine, à l'Administration des hôpitaux, à l'École des Beaux-Arts ; puis au corps médical entier comprenant les chirurgiens et les médecins de Lyon, les internes et les externes des hôpitaux, l'École de santé militaire, les étudiants en médecine ; enfin, au milieu artistique de notre localité, aux amis de l'Université et aux amis personnels de Tripier. Il maintint à sa tête M. Lortet, et choisit : pour vice-présidents, M. Ollier, professeur à la Faculté de médecine, M. Hédin, directeur de l'École des Beaux-Arts, M. Sabran, président du Conseil d'administration des hospices civils de Lyon : pour trésorier, M. Gangolphe, professeur agrégé à la Faculté de médecine, chirurgien de l'Hôtel-Dieu ; pour secrétaire, M. Arloing, professeur à la Faculté de médecine, directeur de l'École vétérinaire.

Quand il fut définitivement formé, le comité décida qu'il s'occuperait d'abord de recueillir des souscriptions et chargea son bureau de faire appel aux personnes capables de s'intéresser à son entreprise.

L'appel était à peine lancé que les souscriptions affluaient chez M. le trésorier ou dans les bureaux des deux journaux de médecine de Lyon mis obligeamment à notre entière disposition par M. Icard et par M. Augagneur.

En peu de temps, le comité recueillit plus de dix mille francs versés par plus de 500 souscripteurs.

Qu'il nous soit permis d'exprimer notre gratitude à ces 500 collaborateurs. Nos remercîments s'adressent à tous sans exception. Nous avons garde d'oublier les nombreux étudiants dont l'obole nous a été particulièrement agréable.

Le succès de la souscription fut donc aussi complet que possible. Disons-le bien haut à la louange de l'ami que nous voulons honorer et pour la consolation de sa famille cruellement éprouvée.

Les indications des souscripteurs étaient formelles. Par leur empressement à souscrire, par leur générosité, ils exprimaient nettement que la mémoire de Léon Tripier devait être largement commémorée.

Il fut alors convenu :

1° Que l'on offrirait un buste en bronze à la Faculté de médecine ;

2° Que l'on ferait exécuter un portrait en médaillon pour orner le monument funèbre, au cimetière de Sainte-Foy ;

3° Que l'on imprimerait un opuscule portant en frontispice une photographie du buste, et contenant une biographie, un exposé des titres et travaux scientifiques du défunt, les notices qui lui furent vouées au moment de sa mort, les travaux du comité de souscription et la liste des souscripteurs.

Enfin, sur l'avis de plusieurs membres, on arrêta encore, qu'après l'exécution de ce programme, le reliquat des sommes souscrites serait consacré à une réduction du médaillon, coulée en bronze et ciselée, que les personnes désireuses de posséder individuellement un souvenir de Tripier pourraient acquérir moyennant une redevance minime.

Le bureau accepta avec joie le mandat d'assurer l'accomplissement de ce programme, car, en raison même de la multiplicité de ses clauses, il étendait le nombre et l'importance des hommages rendus à l'ami particulièrement cher.

Actuellement la mission du comité est bien près d'être remplie.

L'opuscule est entre les mains de M. Storck dont le bon goût connu et apprécié dans notre ville nous promet un recueil dont la forme sera à la hauteur de nos intentions. Il sera distribué aux souscripteurs quelques jours après cette cérémonie.

Le médaillon fut mis en place le 6 décembre dernier, jour anniversaire de notre deuil.

Aujourd'hui même, vous nous faites l'honneur d'assister à l'inauguration du buste.

M. Aubert, notre compatriote, élève de Léon Tripier à l'École des Beaux-Arts, a été chargé de l'exécution du médaillon. Puisant à la fois dans les matériaux que la famille a mis à sa disposition, dans son souvenir et son cœur, il a rendu très heureusement le profil énergique et austère de son ancien professeur. Il a été plus heureusement inspiré encore dans la réduction de $0^{m}18$, mise ici sous vos yeux, que beaucoup d'entre nous posséderont et qui nous rappellera l'homme précieux que nous avons perdu et l'artiste délicat et habile à qui nous devons de sincères remerciments.

Le buste est l'œuvre de M. Suchetet, statuaire à Paris, mais lui aussi ancien élève de l'École des Beaux-Arts de Lyon.

Nous espérons que vous admirerez dans ce bronze la distinction de la pose, l'harmonie des contours, la précision des détails. Il nous rappelle Léon Tripier dans les dernières années de sa vie, amaigri par le travail et les préoccupations incessantes de son labeur qu'il considérait à l'égal d'un sacerdoce, la tête penchée, dans quelques-unes de ces minutes de réflexion et de calme apparent où il mesurait dans son esprit l'utilité et les avantages probables d'une intervention chirurgicale.

L'éminent artiste a droit à nos félicitations, car il nous a rendu le maître et l'ami, autant qu'il était en son pouvoir, dans l'attitude où il nous est le plus agréable de le retrouver, dans l'attitude où il était le plus opportun de le rappeler aux jeunes générations médicales de l'avenir.

Dans l'attribution des souvenirs dont le Comité disposait, on n'a point oublié l'École des Beaux-Arts où Léon Tripier excella à inculquer aux artistes des notions anatomiques précises.

Deux statuaires lyonnais, M. Aubert et M. Devaux briguaient l'honneur d'exécuter le portrait en médaillon de leur professeur.

Les deux artistes furent invités à produire leur maquette. Celle de M. Aubert fut choisie comme œuvre maîtresse. Quant à celle de M. Devaux, remarquable aussi à plusieurs points de vue, elle fut acquise par le Comité et offerte à l'École des Beaux-Arts. Par les soins de M. Hédin, directeur, elle décore aujourd'hui la salle où pendant de longues années, Léon Tripier parla avec chaleur et conviction de la représentation du beau corps humain par le pinceau et l'ébauchoir.

Le bureau seul n'a pas conduit à bonne fin une telle entreprise. Il aurait faibli dans l'accomplissement de sa tâche, malgré sa bonne volonté, sans les collaborateurs dévoués et éclairés qu'il a trouvés au sein du Comité.

Qu'ils reçoivent tous, que M. Hirsch surtout reçoive nos vifs et sincères remercîments.

Si le médaillon couronne si harmonieusement le monument funèbre de Ste-Foy, si ce buste est mis si heureusement en valeur dans cette vaste salle, c'est aux méditations patientes et au rare talent de M. Hirsch que nous le devons.

Je sais que M. Hirsch se dépensait avec bonheur au souvenir d'une ancienne et profonde affection. J'espère néanmoins qu'il ne sera pas indifférent à l'expression de notre gratitude.

Depuis le début de ses travaux, le Comité a rencontré de nombreuses sympathies. Mais, Mesdames, Messieurs, votre présence, à cette solennité met le comble à ses vœux ; car elle lui prouve que bien grand est le nombre des personnes qui partagent ses sentiments, et ce lui est une douceur dont il vous sait un gré infini.

Qu'il me soit permis, en terminant, de témoigner de nouveau à la Faculté de Médecine toute la reconnaissance du Comité. En accueillant le buste, en lui donnant une place sous ces voûtes imposantes, dans son vestibule d'honneur, elle rehausse la valeur de notre œuvre.

Monsieur le doyen, veuillez lui transmettre nos remerciments, et veuillez recevoir l'image, hélas! inanimée de notre ami avec la confiance que nous mettons à vous l'offrir.

Vous connaissiez les mérites de Léon Tripier. Dans un instant, des voix autorisées les rediront. Vous entendrez proclamer que nul n'a compris mieux que lui les devoirs du professorat, que nul ne s'est sacrifié plus que lui à l'instruction des élèves et au bien des malades, que nul n'a eu plus de droiture et de loyauté.

Vous pouvez donc sans crainte placer ce buste sous les yeux de vos disciples. Il ne leur suggérera que de bonnes actions.

Soyez sûr aussi que la tradition, dans la Faculté, conservera le souvenir de Léon Tripier et que toujours elle dira à quiconque contemplera ce bronze :

Oui, c'est un hommage légitime et affectueusement rendu à un vaillant, à un dévoué, à un grand cœur.

Discours prononcé par M. Lortet

MESDAMES, MESSIEURS.

Au nom de la Faculté de médecine, j'accepte avec reconnaissance le don précieux de ce buste qui nous rappelle d'une façon si frappante les traits de notre cher collègue Léon Tripier.

Ce n'est pas sans une vive émotion que je vois se dresser, au milieu de nous, dans cette Faculté à laquelle il consacrait le meilleur de sa vie, l'image de ce professeur éminent, de cet ami au cœur chaud et loyal, dont il me semble entendre encore, ici même, la voix sympathique et vibrante.

Mais hélas, ce visage si changeant, sur lequel se trahissaient tant de généreuses passions pour le beau et le bien, ce front fortement buriné par la volonté et la persévérance, ce regard ferme et droit, tout cela est à présent immobilisé et pour toujours sous cette froide enveloppe de bronze.

D'autres voix vont vous dire bientôt ce qu'il était comme chercheur dans nos laboratoires, comme chirurgien habile et consciencieux dans nos hôpitaux, comme maître pour la jeunesse de cette grande école, objet constant de toutes ses pensées. — Je veux aujourd'hui vous rappeler seulement de quel ardent amour il affectionnait cette patrie pour laquelle, pendant l'année terrible, il manqua mourir après avoir enduré les plus horribles souffrances.

Durant ces longs mois de misère, dans l'Est d'abord, puis dans les boues affreuses de l'Orléanais, son courage et son dévouement furent au-dessus de tout éloge.

A l'attaque furieuse de Beaune-la-Rolande surtout, alors qu'une lueur d'espérance semblait s'élever au-dessus de ces sombres horizons, il s'était précipité jusqu'aux avant-postes pour relever de nombreux blessés laissés sans secours sur les champs de bataille. Là, resté seul avec deux amis dans un château abandonné mais bientôt démoli à coups de canon, il parvint, grâce à sa présence d'esprit et à son intrépidité, à sauver tous les désespérés qui l'entouraient.

Les jours, les nuits qui suivirent cet affreux carnage, Léon Tripier les passait sans repos aux côtés de notre chef, le collègue qui aujourd'hui est l'honneur de la chirurgie française, à opérer, à panser, à soulager les innombrables blessés qui encombraient la nef d'une grande Église.

En soulevant ces malheureux souillés de boue et de sang, un fétu de paille pénétra dans sa main et lui inocula le virus septique qui pendant bien des semaines le fit tomber dans un état des plus alarmants.

Deux jours après ces tristes événements, l'ambulance étant obligée de battre en retraite, notre chef envoya une avant-garde sur la rive sud de la Loire, en face de Neufchâteau, afin de préparer des logements pour les blessés. Arrivés à Tygi, gros et riche village de la Sologne, Léon Tripier, Chauveau et un de leurs camarades, furent arrêtés comme espions, traînés dans une arrière-salle d'auberge, et durant une nuit entière exposés aux armes et aux fureurs d'une population stupide et affolée. Abandonnés par le curé et le médecin qui étaient accourus pour les interroger, privés de tous moyens de défense ou de persuasion, la honte dans l'âme de périr ainsi inutilement sur le sol de la France, les trois malheureux ambulanciers se préparaient avec courage à une mort aussi humiliante que cruelle. « La mort ce n'est rien, mais mourir de la main des Français, c'est horrible » disait Léon Tripier à Chauveau, tout en essayant de maîtriser du regard ces fous furieux.

A deux heures du matin, lorsque épuisés par une lutte inutile, ils attendaient les derniers coups qui allaient mettre un terme à leurs angoisses, le maire, un courageux paysan, ému de compassion, assez courageux pour se rendre responsable de leur sort, les emmena chez lui afin de les préserver de ces affreuses violences. Lorsque le jour parut ils étaient sauvés par le Dr Viennois et M. de Cathelineau.

Pardonnez-moi, messieurs, d'avoir évoqué le souvenir de ces tristes scènes, mais il est bon quelquefois de rappeler à notre mémoire ces heures douloureuses, aujourd'hui surtout, lorsque tant de criminels insensés osent prêcher bien haut que la patrie n'est qu'un vain mot, et qu'insensé est celui qui donne son sang pour elle!

MM. les élèves, lorsque vous passerez devant ce bronze, souvenez-vous qu'il est l'image d'un de vos maîtres les plus aimés, qui savait donner largement sa vie et ses forces pour les malheureux. Rappelez-vous que ce regard si plein de franchise était le reflet d'une âme pure et loyale, ignorant les compromis de la conscience qui parviennent si souvent à farder la vérité. Cette vérité qui s'échappait quelquefois un peu vive de ses lèvres pouvait paraître dure à certains esprits timides, mais cependant toujours elle commandait la sympathie et le respect. Souvenez-vous que cette image est celle d'un homme de bien, d'un homme d'honneur qui fut toute sa vie fidèle à son devoir, d'un ami qui fut toujours sûr et dévoué, d'un Français qui aima sa patrie avec passion.

Discours prononcé par M. le Dr Gangolphe.

Messieurs,

Une émotion poignante, une tristesse profonde me serrent le cœur, au souvenir de celui auquel nous allons rendre un suprême hommage.

Les circonstances de la mort de Léon Tripier sont présentes à votre mémoire ; en pleine possession de son talent, d'une autorité magistrale incontestée, notre maître à beaucoup, notre ami à tous, était foudroyé en quelques instants par une crise d'angine de poitrine. C'est à peine si les jours précédents il s'était plaint de quelques malaises ; soutenu par une énergie indomptable, il avait jusqu'au dernier moment rempli la lourde tâche que lui imposaient ses fonctions de professeur, de chirurgien et les exigences d'une clientèle étendue. Debout la veille encore, il pratiquait à l'Hôtel-Dieu une de ces opérations autoplastiques où il excellait et dans lesquelles s'affirmait si complètement sa nature d'artiste. Hélas ! quelques heures devaient suffire pour terrasser ce vaillant !

Ceux qui l'avaient vu plein de zèle, infatigable, stimulant ses élèves, soignant ses malades avec un dévoûment sans bornes, furent atterés par cette mort brutale. Rapidement la triste nouvelle se répandit dans la ville, et les sentiments unanimes de douloureuse sympathie qu'elle suscita, attestés par les articles de la presse, se montrèrent pleinement à l'occasion de ses funérailles. Nulle banalité, pas d'indifférence dans la foule émue qui suivait le cercueil ; ceux qui accompagnaient Léon Tripier à sa dernière demeure portaient le deuil d'un maître, d'un ami sûr et dévoué.

Le sculpteur en reproduisant fidèlement les traits, l'allure même de celui que nous honorons a pu, en quelque sorte, nous le rendre tangible.

Je voudrais que mes paroles puissent faire revivre un instant sa personnalité et sa vie.

Dès le début de sa carrière, Léon Tripier fut attiré par les recherches de physiologie expérimentale. Aide d'anatomie à l'Ecole de médecine de Lyon, interne en 1862, il publia un mémoire remarquable sur le rachitisme, récompensé par la Société médicale d'Amiens qui l'admit parmi ses membres.

Elève d'Ollier, il devient l'hôte assidu du laboratoire de Chauveau et se lie avec Arloing d'une amitié étroite et indissoluble.

De leur collaboration naissent ces nombreux travaux si importants, si originaux sur la physiologie normale et pathologique du système nerveux. Leurs recherches font la lumière sur la sensibilité des téguments et des nerfs de la main (1869), et sur cette question si intéressante de la persistance de la sensibilité dans le bout périphérique des nerfs sectionnées : ce dernier travail fut couronné par l'Institut en 1874.

Appliquant les données du laboratoire à la pathologie et à la médecine opératoire, ils publient divers mémoires sur la sensibilité récurrente en pathologie, les névralgies et leur traitement ainsi que les effets des piqûres, des coupures, de la ligature et de la compression des nerfs. S'ils ne précisent pas la nature microbienne du tétanos, ils contribuent à en étudier la pathogénie et le traitement (1870).

Pouvons-nous oublier leurs recherches sur une affection parasitaire tuberculiforme et transmissible du poulet, première ébauche de la tuberculose aviaire (1873), et celles bien antérieures, (1869), sur les effets produits par l'ingestion de substances tuberculeuses ou cancéreuses prises sur l'homme.

Leurs recherches sur le nerf pneumogastrique, sur son action sur les mouvements de l'œsophage et de l'estomac, et plus tard sur les différences que présente l'action de l'éther et du chloroforme chez les jeunes sujets, constituent autant de données importantes pour le physiologiste et le clinicien.

Pendant son internat, Tripier fait de nombreuses et intéressantes communications à la Société des sciences médicales, sans préjudice des expériences diverses sur le système osseux consignées dans le traité de son maître Ollier.

En 1866, sa thèse sur le cancer de la colonne vertébrale est couronnée par la Faculté de Paris.

Désireux de s'instruire et soucieux de connaître les progrès que la science pouvait avoir faits à l'étranger, il séjourne dans le laboratoire de Virchow à Berlin, dans les cliniques de Langenbeck, de de Graefe.

Reconnaissant les dangers qu'il y a à se confiner dans ses propres opinions, il a hâte d'entendre les principaux chirurgiens, de les voir au milieu de leurs fonctions, dans leurs services. Partout il recueille cette abondante moisson de faits qu'il devait plus tard mettre en œuvre.

La guerre éclate, il montre dans les ambulances du 20e corps le dévoûment le plus absolu, l'oubli complet de lui-même : atteint d'une inflammation septique grave de l'avant-bras contractée en soignant nos blessés, il faillit en mourir et fut longtemps avant de recouvrer l'intégrité de ses mouvements. Les cicatrices qui sillonnaient la main et l'avant-bras attestaient l'étendue du mal. Des soins minutieux, des exercices patients employés avec sa ténacité habituelle lui permirent seuls la pratique de la chirurgie.

En 1873, il ne fut pas nommé au concours du majorat de l'Hôtel-Dieu, malgré de brillantes épreuves ; son ardeur scientifique n'est pas diminuée par la déception qu'il éprouve. L'anatomie et l'histologie pathologiques sur lesquelles il possédait une compétence indiscutable, grâce à sa fréquentation assidue des laboratoires, des amphithéâtres et aussi des principaux musées de l'Europe, sont pour lui le sujet de travaux assez importants pour que la Faculté de Montpellier le désigne à l'unanimité des suffrages comme professeur d'anatomie pathologique ; deux fois, des influences supérieures s'opposèrent à sa nomination.

En 1877, à la création de notre Faculté, Tripier est appelé à la chaire de Médecine opératoire. Il s'adonne alors tout entier, avec l'ardeur qui le caractérisait à l'installation de cet enseignement. Aucun de ceux qui ont eu l'honneur d'être ses aides n'a oublié la peine qu'il se donna pour les rompre à la pratique méticuleuse des manœuvres opératoires. Il aurait pu sans doute se borner à l'enseignement théorique jusqu'alors seul en usage officiellement, mais sa conscience, son tempérament chirurgical s'accommodaient mal de cet état de choses. Ces leçons dans lesquelles peut se révéler le talent oratoire plus que la dextérité du professeur et qui restent, ou à peu près, lettre morte pour les élèves si elles ne sont suivies de démonstrations pratiques immédiates, lui parurent insuffisantes. La tâche qu'il s'imposa était autrement rude.

Improviser en quelques mois un personnel enseignant, le discipliner, le mettre à même de diriger avec méthode et autorité les manœuvres de médecine opératoire, après les avoir préalablement décrites et exécutées devant les élèves, tels fut le but auquel tendirent ses efforts.

Occupés aux travaux pratiques d'anatomie, pendant le semestre d'hiver, nous étions, prosecteurs et aides d'anatomie, convoqués chaque dimanche dans le cabinet de Léon Tripier. Là, sous sa direction, sous ses yeux, nous étions initiés à notre future besogne. La journée était courte, tant l'ardeur, l'humeur vive, quelquefois même violente de notre chef nous stimulait. Il nous forçait à nous plier à ces règles précises, méticuleuses qui sont la base de l'enseignement.

Léon Tripier nous avait associés à son œuvre : de disciples nous étions devenus ses amis, et si parfois ses remontrances étaient vives, d'un mot, d'un sourire, il les atténuait.

Combien furent rapides et joyeuses les heures passées avec ce Maître et nos collègues Tédenat, Duchamp, Marengos.

Dirai-je maintenant un trait qui peint Léon Tripier? Après nous avoir prodigué son temps, sa science avec la libéralité que vous savez, il demanda et nous fit donner une gratification pour nous dédommager du surcroît de travail qu'il craignait de nous avoir imposé, comme si lui-même n'avait pas généreusement consacré à nous instruire les seuls jours de repos que lui laissaient ses occupations.

Persuadé que la sécurité d'une intervention importe autant que la rapidité, il habitua les élèves à opérer méthodiquement, avec lenteur même, après avoir reconnu et indiqué les points de repère utiles et les divers temps de l'opération ; mais, s'il professait que la prestidigitation n'a rien de commun avec la chirurgie, il reconnaissait le premier que la méthode n'excluait point la rapidité d'exécution.

Surveillant de près les exercices pratiques, chef de table lui-même, il tenait à ce que les élèves ne fissent qu'un nombre limité d'opérations, correctement conduites. Un tableau placé sous les yeux de chaque répétiteur, et contenant l'énumération succinte des données à connaître et à exposer, était là pour rappeler cette consigne.

Simultanément des cours de petite chirurgie et des répétitions de bandages apprenaient aux élèves les premiers rudiments de l'instruction chirurgicale.

Quelle différence entre les résultats fournis par cet enseignement nouveau, essentiellement pratique, et les leçons d'antan ?

Mais aussi quel surcroît de besogne pour le professeur qui l'innovait. L'énergie, la volonté de Léon Tripier lui permettaient de la mener à bien.

Le souci du progrès le poussait à de nouvelles recherches. Mettant à profit les loisirs du semestre d'hiver, il se livre à de nombreuses vérifications anatomiques, contrôle les divers procédés, les adapte aux exigences de la chirurgie moderne et ne cesse ses travaux que pour reprendre ses leçons et les fonctions de chef de table pendant les mois d'été.

Mais c'est à l'Hôtel-Dieu, comme professeur de clinique chirurgicale (1882), qu'il devait donner la mesure de sa valeur. A peine installé, il se trouve aux prises avec une complication redoutable qui décimait opérés et blessés.... la gangrène gazeuse.

Les premiers malades qu'il opère succombent en quelques heures. C'est alors qu'il entreprend avec toute l'énergie et la ténacité qu'il savait déployer la série de réformes qui devaient transformer son service. Appliquant avec une rigueur absolue les préceptes alors admis de l'antisepsie, il se préoccupe d'autre part d'étudier l'agent infectieux, cause de la septicémie gangreneuse : les travaux de Chauveau, d'Arloing, en lui faisant connaître le degré extrême de résistance du microbe pathogène, le conduisent à employer la stérilisation par la chaleur des instruments et objets de pansements.

Le premier, non-seulement à Lyon, mais encore en France, il mit en pratique ces précieuses données, fournies par le laboratoire et contribua pour une large part à faire disparaître de nos services cette terrible maladie.

Ceux qui ont fréquenté l'Hôtel-Dieu à cette époque ne se souviennent pas sans terreur de cette fatale et foudroyante complication. J'achevais à cette époque mon internat et j'avais eu l'intention de faire de cette septicémie le sujet de ma thèse inaugurale ; il m'eût été facile d'en réunir rapidement de nombreuses observations.

J'avais vu succomber en quelques heures de pauvres blessés atteints de plaies insignifiantes.

Une simple incision, une ténotomie, une ponction pouvaient s'accompagner de gangrène gazeuse... aujourd'hui elle a disparu de nos services. La méthode aseptique règne maintenant en maitresse, et ce fut une des plus grandes joies de Tripier, que de voir triompher ses idées et copíer son installation.

Comme professeur, il savait attirer et retenir les élèves par la méthode qu'il apportait dans l'examen des malades, le soin avec lequel il procédait aux opérations et aux pansements. Après avoir fait toucher du doigt la maladie, il apprenait aux débutants à en analyser les symptômes, les caractères différentiels, quelque peu intéressante que soit cette besogne pour un chirurgien rompu aux difficultés. Mais là, comme à la Vitriolerie, Léon Tripier aurait cru manquer à son devoir s'il n'avait rempli, et au de là, sa tâche d'initiateur: il voulait ainsi préparer une génération de praticiens instruits et capables de rendre de grands services.

Professeur à l'École des Beaux-Arts depuis de longues années, il dessinait très facilement et complétait ses descriptions souvent en quelques traits au tableau. Ses tendances artistiques se révélaient surtout dans la perfection avec laquelle il pratiquait la chirurgie autoplastique ; c'était pour lui un sujet de prédilection ; on sait avec quelle précision il choisissait tel ou tel procédé, le modifiait suivant les circonstances, et aussi quels résultats excellents il pouvait nous présenter à la Société des sciences médicales, au Congrès de chirurgie.

Vous parlerai-je maintenant de ses qualités morales ? Chaque jour il en donnait la mesure. Tous les malades sans distinction avaient droit à son dévoûment ; vis-à-vis de tous, il appliquait rigoureusement ce précepte qui doit être inscrit dans le cœur du chirurgien : « Fais aux autres ce que tu voudrais que l'on te fît. » Il avait à un degré extrême, exagéré, pourrait-on dire la conscience de la responsabilité inhérente à notre profession, et montrait autant de joie lors de la réussite d'une opération difficile, périlleuse, que s'il se fût agi de la guérison de l'un des siens. Ses interventions opératoires toujours basées sur un diagnostic minutieusement fouillé, exécutées d'après un plan mûri, auraient dû moins vivement l'émouvoir. Jamais il ne croyait avoir assez fait pour ceux qui réclamaient ses soins. Combien de fois ne l'avons-nous pas vu revenir au chevet de ses opérés, s'enquérir de leur état, veiller lui-même à l'exécution de ses ordres. Aussi avec quelle confiance les malheureux s'abandonnaient-ils entre ses mains : la vivacité de ses allures ne pouvait leur dissimuler sa bonté. Les préoccupations, les soucis, l'ardeur qu'il mettait dans cette lutte continuelle contre la maladie, devaient avoir, malheureusement, raison de sa santé.

C'était un ami sincère : il ne mesurait pas ses sympathies : en les donnant, il n'obéissait jamais à un motif intéressé. Ses élèves devenaient vite ses amis et presque toujours ses obligés ; il ne leur ménageait pas plus ses conseils, son aide, ses services qu'il ne leur épargnait les critiques. Sans s'inquiéter s'il serait payé de retour, il s'intéressait à leur avenir, soutenait leurs efforts et leur demeurait plus attaché encore dans le revers que dans le succès. C'est ainsi qu'à côté d'anciennes et fidèles amitiés, il s'en créait chaque jour de nouvelles. Il était aimé de la jeunesse universitaire qui appréciait à sa valeur, ce caractère entier, un peu rude, mais qui ne laissait jamais place à l'équivoque. Les étudiants savaient que, s'il se montrait exigeant à leur égard, c'était pour assurer leur instruction et le bien-être des malades.

Fait chevalier de la Légion d'honneur en 1889, de la main de M. le Président de la République, Léon Tripier put voir avec quelle joie unanime cette distinction fut accueillie : à part ses services dans l'enseignement, ceux qu'il avait rendus en 1870 la lui méritaient depuis longtemps.

Membre correspondant de la Société médicale d'Amiens, de la Société anatomique de Paris, de la Société micrographique, de la Société de biologie, de la Société de chirurgie, il faisait encore partie depuis 1883 de la Société impériale et royale des médecins de Vienne.

Elu président de la Société des sciences médicales, ses amis savent avec quelle vive satisfaction il avait accepté cet hommage rendu à son labeur incessant et quelle activité scientifique il déployait dans nos réunions. Et c'est alors que tout lui souriait qu'il nous a été enlevé !

C'est avec calme qu'il a vu venir la mort, et ses derniers moments furent comme le reflet de sa vie entière. Opposant à l'inexorable fatalité la résignation d'un sage, relevant d'un mot le courage défaillant de ceux qui l'entouraient, ses dernières pensées allèrent à ceux qu'il avait aimés, à ses parents, à ses amis... Le regret de les quitter, de se séparer d'un frère auquel l'attachait un passé de labeurs et de luttes en commun, d'abandonner son poste quand, suivant son expression, il était au moment de rendre des services..... tels furent les sentiments qui l'animèrent au milieu des douleurs de l'agonie.....

Messieurs, j'ai essayé de vous retracer à grands traits cette existence pleine de dévoûment et d'honneur, cette carrière que l'intelligence, la volonté, un travail opiniâtre seuls ont pu faire aussi brillante.

Léon Tripier a largement payé la dette que nous contractons tous envers l'humanité, la patrie et plus tard la science. Il leur a consacré la meilleure partie de sa vie, à l'hôpital, dans les ambulances, dans les laboratoires. Il est de ceux dont le souvenir et l'exemple, restant vivants parmi nous, serviront encore après lui les grandes idées qui ont rempli sa vie.

Discours prononcé par M. le Dr Louis Dor

MESSIEURS,

Je viens à mon tour, au nom des plus jeunes élèves du professeur Léon Tripier, au nom de ceux qui l'ont connu dans son service de clinique chirurgicale, spécialement au nom de ses externes et de ses internes, apporter devant ce buste, qui pour nous réalise en ce moment la personnalité disparue de notre cher maître, le témoignage de notre admiration, de notre respectueuse estime et de notre attachement.

Ce n'est pas sans appréhension que j'ai accepté l'honneur de prendre la parole aujourd'hui. Je sens combien je suis inférieur à ma tâche, mais je l'ai considérée comme un acte de piété auquel je ne devais pas me dérober.

Deux années déjà se sont écoulées! Combien vite s'éloigne de nous le moment où nous étions fiers d'être les élèves de ce maître que nous regrettons si vivement! C'est à peine si nous avons eu le temps de nous habituer à l'idée de sa mort qui a été si contraire à toutes nos prévisions, si opposée à ce que nous considérions comme des lois naturelles, et voici que nous assistons à l'inauguration d'un buste que déjà de jeunes générations d'étudiants viennent regarder avec intérêt mais sans partager notre émotion.

Aussi le premier sentiment que nous avons éprouvé, nous ses élèves, en pénétrant dans cette enceinte pour la circonstance solennelle qui nous réunit, a été un serrement de cœur et un retour de notre chagrin dans toute son intensité. Ceux qui n'avaient pas encore vu l'œuvre d'art qui doit transmettre à la postérité la belle figure de notre maître étaient sans doute un peu inquiets de savoir quelle serait leur impression, mais j'ose espérer que nous éprouvons tous à l'heure actuelle une véritable satisfaction. La pensée que ceux qui n'ont pas connu Léon Tripier pourront se faire une idée exacte de ce que fut sa physionomie nous est infiniment douce. Nous l'avons connu peut-être moins rêveur, moins calme; n'importe, nous retrouvons ici l'image presque fidèle que nous avons conservée de lui dans notre esprit.

Vous venez d'entendre par la voix de l'un de ses premiers élèves une appréciation de sa carrière scientifique, vous attendez de moi que je donne à mon tour un peu de vie à ces traits immobiles et que je rappelle ce qu'il a été pour ses jeunes élèves dans son service hospitalier.

Je puis avancer, sans crainte d'être contredit, que les 70 ou 80 élèves qui ont passé, soit au titre d'externe, soit au titre d'interne un semestre à la clinique du professeur Léon Tripier, se rappellent cette période comme un des beaux moments de leur existence.

Lorsqu'au début, externes de la veille, apprentis dans la pratique de l'antisepsie, enveloppés de grands sarraux, chaussés de gros sabots, nous arrosions les plaies d'acide phénique et nous faisions de volumineux pansements, tout avait d'abord pour nous l'attrait de la nouveauté, mais au lieu de diminuer rapidement, cet attrait allait toujours en augmentant. Peut-être, si j'ai bonne mémoire, avons-nous trouvé parfois un peu fatigant, de soutenir pendant de longues opérations des membres de malades endormis; peut-être aussi aurions-nous cédé volontiers à d'autres le privilège de couper les fils à ligature qui se trouvaient généralement être trop longs ou trop courts, trop gros ou trop minces. Mais, même ces petits ennuis avaient leur charme, et, en voyant combien notre maître lui-même déployait d'activité, en devinant chez lui sous un masque de sévérité une bonté et une droiture parfaites, nous nous sentions transportés d'une ardeur bienfaisante et nous étions ravis, enchantés, prêts à faire tout ce qu'il nous aurait demandé. Nous lui étions reconnaissants de nous habituer à nous oublier et à n'avoir d'autre préoccupation que l'intérêt des malades ; et comme il nous prêchait d'exemple, nous avions pour lui plus que de l'admiration, déjà de l'affection.

Et lorsque plus tard, nous arrivions dans le service en qualité d'internes, lorsque nous étions devenus plus capables de comprendre ce que nous voyions faire, quand nous constations quels soins notre maître apportait dans l'exécution des plus petits détails des opérations, quand nous nous rendions compte à quel point était développé chez lui le sentiment de sa responsabilité, quelle conviction il avait dans les règles de l'antisepsie, et quelle fermeté, quelle constance dans la mise en pratique de sa conviction, nous nous sentions pénétrés d'une satisfaction profonde, d'un désir de l'imiter, de nous rendre utiles dans notre petite sphère, d'attirer sur nous un regard d'approbation de notre maître et de nous montrer dignes de sa confiance.

Notre affection devenait de l'enthousiasme, nous aimions jusqu'à cette vivacité qui nous avait paru un peu excessive au début et nous trouvions que le terme de nos fonctions s'approchait trop rapidement.

Nous ne pouvons pas oublier le bel exemple de dévouement, d'abnégation qu'il nous a donné. L'avons-nous jamais vu ménager sa peine ? A-t-il jamais reculé devant la fatigue ou devant les difficultés d'une intervention ?

Un jour il nous raconta une anecdote où d'un mot il s'est dépeint lui-même, et je vous demande la permission de la rapporter ici.

C'était le lendemain du premier mai 1891 ; nous parlions de la manifestation de la veille. Avec son fin sourire qui laissait voir des dents brillantes de blancheur, avec son regard étincelant dans lequel nous pouvions lire d'avance que l'histoire allait être amusante, Léon Tripier nous raconta que le soir, comme il entrait dans un bureau de tabac, il avait été accosté par un individu tapageur qui manifestement avait fait de copieuses libations. C'était un ouvrier verrier qui invectivait les passants et qui lui dit à peu près ces paroles : « Quand viendra le jour où les ouvriers mangeront les patrons, tu y passeras comme les autres, bourgeois. » Tripier lui répondit alors : « Mais, mon ami, tu ne sais pas qui je suis, moi aussi je suis un ouvrier. »

La façon dont notre maître nous répéta ce dernier mot nous frappa. Non seulement il imita une prononciation défectueuse qu'il est facile de s'imaginer, mais encore il mit dans son intonation tout un commentaire qu'il fallait comprendre ainsi : Ce ne sont pas seulement ceux qu'on appelle des ouvriers qui travaillent et qui se fatiguent, moi aussi je travaille et je me fatigue, mais au lieu de me plaindre, je suis fier de pouvoir dire que je suis un ouvrier, car ce n'est pas là une condition inférieure, c'est un état estimable avant tous les autres.

Et nous qui l'avions vu souvent couvert de sueur, haletant à la suite de séances prolongées de massage ou de la confection de corsets plâtrés, nous nous disions en nous-mêmes qu'il avait le droit de se considérer comme un ouvrier et de se faire à lui-même ce modeste compliment, que, jour après jour, il venait dépenser ses forces et son énergie pour accomplir sa tâche : et nous pensions aussi que tout ce qu'il avait exprimé par son intonation était absolument vrai. Il ne se plaignait pas d'avoir à travailler, il en était heureux. N'était-ce même pas les jours où il avait eu le plus à faire qu'il paraissait le plus gai ? Il sentait qu'il avait été utile et cette pensée lui faisait oublier toutes ses fatigues. Lorsque nous songeons actuellement à notre maître, lorsque nous évoquons son souvenir et que nous causons entre nous de celui qui a occupé une si large place dans nos cœurs, il nous arrive à tous de nous le représenter avec l'expression qu'il avait lorsque la guérison d'un malade avait couronné des efforts persévérants. N'est-ce pas la preuve que cette expression avait quelque chose de frappant et de caractéristique ?

Si j'ai laissé entendre que Léon Tripier faisait parfois un véritable travail de manœuvre, c'était cependant dans les opérations délicates et minutieuses qu'il se complaisait le plus volontiers.

D'une nature d'artiste, il était passé maître dans la pratique des autoplasties qu'il appelait la haute voltige de la chirurgie : et c'est lorsqu'il avait obtenu un beau résultat à la suite d'une opération de ce genre qu'il éprouvait le plus de satisfaction. Etait-il assez radieux le jour où il avait complètement restauré le nez de cette malade qu'une morsure avait défigurée ? Et lorsqu'il présenta à la Société des sciences médicales cette petite fille à laquelle il avait reconstitué une bouche aux lèvres gracieusement ondulées au lieu d'un affreux orifice rétréci et cicatriciel, lequel des deux, du chirurgien ou de l'opérée, faisait le plus de plaisir à voir ? Pour ma part, je me souviens que j'ai plus regardé à ce moment mon cher maître que l'enfant qui faisait l'objet de sa communication.

Mais parfois le cas était au-dessus des ressources de l'art chirurgical et alors rien ne lui était plus pénible que de sentir son impuissance à soulager un malade. Lorsqu'il opérait un cancer un peu avancé, il devenait sombre et attristé. Entrevoyant le sort que l'avenir réservait probablement au malheureux patient encore plein d'illusions, il cherchait à laisser à celui-ci plus d'espoir qu'il n'en avait lui-même, mais il ne pouvait s'empêcher aussitôt que le sommeil anesthésique était venu lui donner l'autorisation qu'il attendait, d'exprimer dans un langage quelquefois très imagé le sentiment de pitié qu'il éprouvait. Il affectionnait notamment une expression qu'il avait empruntée au vocabulaire d'un chirurgien parisien, et qui sous une allure de terme scientifique lui permettait d'invectiver décemment toutes les tumeurs malignes.

Il est inutile que je cherche à montrer davantage quel intérêt il prenait à tous ceux qui étaient confiés à ses soins. Il me suffira de dire qu'un de ses anciens chefs de clinique a déjà rappelé dans un article nécrologique qu'il recommandait à ses élèves de traiter les malades comme ils traiteraient leur propre père. Ce fait résume tout un côté du caractère de notre cher maître.

Quant à dire l'affection qu'il avait pour ses élèves, je voudrais que chacun de ses anciens internes pût prendre la parole ici pour raconter des anecdotes qui la montreraient mieux que les plus longs discours. Qu'il me soit permis de dire que dans une circonstance douloureuse de ma vie, alors que je venais d'être frappé dans ma famille par un deuil cruel, Léon Tripier est venu à différentes reprises s'asseoir à mes côtés dans son laboratoire où il me savait seul pendant certaines heures, et que sa précieuse sympathie a bien souvent relevé mon courage.

Messieurs, il y a un autre côté du caractère de notre maître que vous ne me pardonneriez pas de passer sous silence. Comme tout le monde, Léon Tripier avait les défauts de ses qualités. J'ai dit combien il aimait ses élèves, je dois ajouter qu'il ne savait pas être indifférent.

Lorsqu'il n'approuvait pas, il désapprouvait franchement et ne comprenant pas chez autrui des mobiles d'action qui n'existaient pas chez lui, tels que l'égoïsme ou l'intérêt personnel, peut-être s'est-il montré parfois un peu sévère pour des actes qui ne traduisaient en somme qu'une façon différente d'envisager le devoir.

La mort a effacé tous les nuages qu'avait fait naître ce côté de la nature si vive de notre maître et sa physionomie apparaît à tous maintenant comme un type de franchise, de droiture et de bonté.

S'il m'est permis, en terminant, de dire quelles sont, à ce qu'il me semble, les raisons qui nous ont attachés si profondément à notre maître, je dirais qu'il faut les rechercher dans ce fait qu'il était individualiste avant d'être humanitaire.

Je m'explique :

Certes, il songeait lui aussi aux grands problèmes de la philanthropie, il s'est efforcé de devenir un bienfaiteur des générations futures en ouvrant des voies nouvelles à la chirurgie : j'ai été bien placé pour voir quelle importance il accordait aux recherches de laboratoire, mais c'était encore l'hôpital qui l'absorbait le plus, et sa préoccupation dominante était de faire directement du bien autour de lui. Or, si la gloire, cet amour de l'humanité tout entière, est la récompense de ceux qui ont eu surtout en vue l'intérêt de la majorité, nous réservons plus volontiers notre affection pour ceux qui consacrent leur vie à adoucir celle de leurs semblables, et qui se dévouent pour les intérêts particuliers. Si nous admirons ceux qui sont préoccupés d'atténuer les douleurs impersonnelles et futures de l'humanité, notre cœur se donne de préférence à ceux qui veulent avant tout soulager des souffrances actuelles. Précisément Léon Tripier était de ceux qui mettent l'amour individuel encore au-dessus de la philanthropie, et c'est pour cette raison, je crois, que ceux qui l'ont connu se sont attachés à lui et déplorent le brusque départ de celui qu'ils ont si vivement aimé.

Il ne nous reste plus maintenant qu'un précieux souvenir; mais notre maître a fait sur nous tous une profonde impression ; nous conservons comme un héritage sacré la ligne de conduite qu'il nous a tracée par son exemple, et nous chercherons à imiter cet homme d'action et cet homme de bien.

Discours prononcé par M. le docteur Gros.

A travers toutes les figures vulgaires et frustes dont le monde fourmille, on rencontre parfois au hasard du chemin un type physionomique qui vous captive et vous inquiète; on est persécuté du désir de savoir quel il est; et involontairement on le classe dans telle ou telle profession, on le fixe dans tel ou tel groupe social.

Si quelque physionomie à la forte empreinte nous trompe sur sa valeur psychique et si par contre telle illustration a un pauvre support matériel qui ne laisse pas percer le rayon intérieur, il n'en reste pas moins acquis que la longue cohabitation de l'esprit dans notre périssable enveloppe donne à cette dernière un aspect qui ne trompe pas et qui le révèle tout entier.

Combien d'habitudes sociales reposent sur cette croyance que nous acceptons sans conteste, malgré les quelques démentis que nous avons essuyés faute d'avoir fixé notre attention.

Cette croyance, cet axiome, ne fut jamais mieux démontré que par la physionomie si caractéristique de notre maître et ami regretté, de Léon Tripier.

Rappelez-vous cette allure austère, ce torse haut, mais semblant incurvé sous le poids de multiples pensées, marchant droit devant lui, sans s'inquiéter du passant, comme poussé vers un but invisible qu'il croit ne pouvoir atteindre à l'heure voulue.

Taille élégante et élancée, tenue irréprochable, son masque facial immobile et sévère tient son ton de bronze d'un tempérament bilieux type associé pour une forte part à un tempérament sensitif.

Sous un front aux courbes harmonieuses, vaste, découvert, les cheveux s'implantant très haut et rejetés en arrière, deux forts sourcils toujours contractés par une pensée qui s'agite, ombragent un œil noir qui darde une flamme profonde.

Ses moustaches, relevées aux pointes, fortes, parallèles à la fente buccale, soulignent en les exagérant les mouvements des lèvres.

Sur ces lèvres flotte un vague sourire que la mort qui apaise tout n'a pas fait disparaître du masque funèbre. Sourire fait de fierté et d'ironie.

Fierté : qu'on retrouve chez ceux qui s'obstinent dans la lutte contre la matière, cette matière qui les oppresse jusqu'à ce qu'elle les écrase.

Ironie : qu'on constate chez ces fils de Prométhée qui malgré leur rapt céleste sentent l'inanité de l'effort.

Sur des maxillaires massifs, on aperçoit à travers une barbe clairsemée des contractions fréquentes des muscles.

Joignez à cela des pommettes bien établies, un nez droit, d'un dessin ferme, s'ouvrant par des narines larges et mobiles et pour soutenir le tout un menton carré, proéminent.

Tout cet ensemble physionomique n'exprime-t-il pas une rare énergie, une constitution tout entière faite pour sentir et agir, dont les réactions seront promptes et intenses, qui s'irritera en face de l'obstacle et, sans reculer jamais, sera toujours poussée en avant par un ressort que rien ne pourra abattre.

Lorsque cette physionomie s'animera, nous verrons un geste bref, succint, concentré, accentuant encore le regard vif et pénétrant.

La main nerveuse accompagnera l'expression de la pensée. La paume tournée en haut (recevant souvent les doigts de la main opposée) traduira la loyauté et le dévouement. Ce geste familier accompagnera le plus souvent l'attitude de la tête penchée sur l'épaule gauche.

Trouverons-nous dans les différents traits le secret de cette attraction, de ce prestige qu'il exerça sur tout son entourage ?

Oui, nous le trouverons à la fois dans la pureté du tempérament, dans l'expression d'un caractère puissant et dans la libre manifestation d'une intelligence supérieure toujours avide de vérité, mais bien plus encore dans une profonde générosité.

Répudiant cette bienveillance mondaine, si souvent superficielle, si tristement indifférente, il était bon mais d'une bonté effective allant quelquefois jusqu'à la tendresse.

Singulier contraste avec ces dehors durs dont Tripier se plaisait à s'envelopper, mais qui ne trompaient aucun de ceux qui l'approchaient.

Ces qualités d'esprit et de cœur, cette fierté, cette indépendance, ce désintéressement éclataient avec franchise, presque avec rudesse, car Tripier partout et toujours se livrait tout entier.

Aussi pouvait-on lui appliquer ce qu'un contemporain disait de M. Thiers : « On le voyait penser à travers sa peau. »

Tel fut esquissé à grands traits l'homme que nous avons connu et aimé. Il nous reste à le voir en action.

D'autres ont parlé ici du chirurgien et du praticien, quant à moi, j'ai à vous faire connaître le Professeur de l'Ecole des Beaux-Arts et l'artiste.

Ce périlleux honneur, je l'ai accepté sans trembler, entraîné par la douce satisfaction de parler du maître et de l'ami. Aussi, que Messieurs les membres du Comité acceptent l'expression de ma profonde gratitude.

Quand, en 1868, Léon Tripier fut appelé à professer l'anatomie et la physiologie des formes à l'Ecole des Beaux-Arts de notre ville, son prédécesseur était M. Jourdan, directeur du Muséum d'histoire naturelle.

Jourdan, savant zoologiste, paléontologiste indiscuté, homme très affable et très sympathique, doué d'une éloquence naturelle et familiale, se complaisait bien naturellement sur le terrain de ses études favorites.

Après s'être attardé au milieu des formes animales, il s'élançait tout à coup dans des considérations de philosophie transcendante. Insistant sur les causes finales, dévoilant les intentions providentielles du Créateur auquel il adressait d'incessantes louanges, il promenait son auditoire charmé à travers les civilisations, et s'appliquait à analyser les sentiments qui avaient présidé à la genèse des œuvres artistiques des temps les plus lointains.

Avec sa verve communicative et chaude, il saisissait le moindre prétexte à développements de haute esthétique.

Suivant les habitudes de l'époque, encore en honneur dans certaines Facultés, à l'ouverture du cours un massier précédait et annonçait le Professeur. A la fin du cours, celui-ci armé du bistouri, commençait la démonstration sur le cadavre. Une salve d'applaudissements accompagnait la sortie du maître.

Connaissant l'esprit profondément pratique de Tripier, vous pouvez bien penser que le jeune chirurgien brisant avec ces coutumes solennelles, refusa de suivre son prédécesseur dans des régions inaccessibles à son auditoire.

Aussi plus de massier, plus de période oratoire, plus d'envolées métaphysiques. — Les faits.

A cette époque, il n'existait pas de traités d'anatomie appliquée à l'art (je ne parle que des modernes).

Salvage, Gerdy, Gratiolet, Cloquet, n'avaient fait qu'effleurer ce côté de la science qui, depuis, a suivi le mouvement général que nous savons.

Aussi Tripier, au début de son enseignement, dut-il puiser exclusivement dans son propre fond.

Pour rassembler les matériaux de son cours, lui qui n'abandonnait rien au hasard, il dut se livrer à un travail opiniâtre et fit un tel effort que du premier coup il ordonna le plan de son cours, fixa sa forme définitive et n'eut pas à la modifier par la suite.

Appelé comme préparateur de ce cours en 1876, je le suivis pendant plusieurs années et je pus constater que d'une année à l'autre il n'avait pas à revenir sur le programme sévère qu'il s'était tracé.

Dès le début de l'organisation de son enseignement, Tripier exigea que le cours oral fût immédiatement suivi d'un exercice pratique où l'élève appliquât sur l'heure, les notions théoriques et fût pénétré ainsi de l'utilité directe de ces études.

Ce fut le peintre Guy qu'on chargea de diriger les élèves dans ces applications pratiques, mais quelques années plus tard, Tripier, convaincu que l'intérêt de l'élève exigeait une unité de vue dans l'enseignement, ne voulut s'en remettre qu'à lui du soin de surveiller les dessins de squelettes et d'écorchés.

A l'inverse de son prédessesseur, il redoutait comme le pire écueil de s'élever au dessus de la compréhension de l'élève et par là de manquer le but de ses efforts.

Aussi, que de fois, à l'issue du cours, nous faisait-il remarquer combien il fallait être terre à terre sous peine de s'égarer et de rester incompris, et danger plus grand encore de rebuter son public par des notions trop scientifiques et hors d'usage pour des élèves de 16 à 22 ans, dépourvus le plus souvent d'instruction générale.

Ce besoin de l'élève artiste, il le comprenait admirablement, aussi ne lui donnait-il que le résumé condensé de nombreux faits anatomiques indispensable à son instruction; cela avec une méthode, une rigueur qui étonnait l'artiste trop habitué aux à peu près et aux notions flottantes qu'excusent les mille variétés de formes qui frappent son regard et à travers lesquelles il est bien difficile de dégager une forme synthétique.

Tripier insistait avec force, sur les points de repère anatomiques, jalons capables d'aider l'élève à la construction du corps humain.

Cette partie de son cours lui était absolument personnelle, et je puis dire qu'elle rendait à tous un éminent service pour se retrouver au milieu des formes transitoires et fugaces du modèle en mouvement.

Après avoir inculqué dans l'esprit de l'élève avec une voix vibrante de conviction, une animation croissante, une notion simple, exacte, précise, il passait au tableau et esquissait des schemas qui faisaient l'admiration de tous et imprimait dans l'œil des formes qui, une fois entrées, y demeuraient indéfiniment.

A ce propos, il citait le fait d'un de ses anciens élèves devenu peintre à Paris qui, lui rappelant un jour, longtemps après sa sortie de l'école, combien ses cours l'avaient impressionné, ne crut mieux faire pour le démontrer que de dessiner sous ses yeux, séance tenante, tous les schemas du maître.

Maître, il l'était en effet, et bon parmi les bons. Et comme il était possédé de ce sacerdoce du professeur! Il fallait le voir au moment du travail final de l'année, allant d'un banc à l'autre, quittant le crayon pour manier l'ébauchoir, affirmant une forme ou redressant un trait, expliquant un point négligé et incompris.

Ces travaux pratiques durent à Tripier de nombreux éloges de la part des inspecteurs des Beaux-Arts, à qui n'échappait pas ce point si remarquable de son enseignement.

Un mot d'explication à cet égard.

Voilà en quoi consiste ce travail qui résume toute la méthode du Professeur.

On pose le modèle vivant, et l'élève, après une esquisse générale, s'appuyant sur les points de repères osseux qu'on a soin d'inscrire au pastel sur la peau du modèle, construit sur son dessin, très délicatement, la charpente osseuse tout entière.

Une fois étayé sur cette base solide, attacher aux leviers osseux les masses musculaires qu'on a cernées sur la peau du modèle d'un trait rouge, n'est plus qu'un jeu pour l'élève.

Mais là ne réside pas la difficulté de ce travail, il exige la mise en œuvre de facultés multiples, il ne s'agit pas de faire un poncif, un écorché quelconque, il ne s'agit pas seulement de montrer sa connaissance des organes qui expliquent le modelé, il faut encore, qu'aidé de son sens artistique, l'élève donne la traduction de la vie et du caractère spécial de l'individu qu'il a sous les yeux

Aucun élève n'arrive à ce résultat, sans que le professeur fasse bien sentir cette nuance, sans qu'il fasse pénétrer ces impressions délicates dans l'esprit du jeune anatomiste. Trop porté à faire parade de sa science, il oublierait le but : l'interprétation artistique de telle ou telle forme donnée de la nature

Aucun ne comprit mieux ce qu'on exige dans ce travail que celui à qui devait échoir l'honneur de fixer pour jamais les traits si particulièrement expressifs de Léon Tripier.

Suchetet, aujourd'hui un maître (l'œuvre si remarquable que vous avez sous les yeux en est la preuve éclatante), n'était alors qu'un élève; son talent à son aurore se traduisit par une maquette de cire que nous gardons précieusement dans les Archives de l'école et que Tripier proposait chaque année comme un type à imiter.

A côté de Suchetet, je cite avec joie le nom de notre ami Pierre Aubert, encore un de ces glorieux élèves. Entouré de documents, recueillant les avis de tous, Aubert a reconstitué patiemment, pieusement, cette physionomie qui sous la forme plus modeste d'une médaille aura aussi ce privilège de rester plus près de chacun de nous, image vivante de celui qui nous fut cher à tant de titres.

Cette dernière étude de l'année passionnait Tripier et lorsqu'en 1882 après s'être déchargé sur moi d'une partie de son cours et malgré mes vives instances de le soulager encore, il ne voulait me laisser qu'une faible part de cette tâche ardue. Ne se confiant qu'à lui-même, tous les dessins, toutes les maquettes lui passaient sous les yeux et toutes portaient la marque de sa précision chirurgicale.

Il y mettait la même scrupuleuse attention que s'il se fût agi, sur un être vivant, d'une ligature d'artère, ou de la recherche d'un filet nerveux.

Cette sollicitude du maître pour l'élève, cet enseignement si distingué et si pratique porta ses fruits et il est proverbialement admis que les Elèves de l'Ecole Lyonnaise sont reçus les premiers à Paris pour l'anatomie. Sa réputation s'étendit à ce point que l'éditeur Masson réclama à maintes reprises à Tripier un ouvrage d'anatomie artistique que ses trop nombreuses occupations lui empêchèrent toujours d'entreprendre et qu'il réservait pour plus tard.

L'action que Tripier exerçait sur ses élèves se continuait encore après la sortie de l'Ecole.

Son jugement était apprécié de tous et il était fréquemment appelé dans l'atelier du peintre ou du sculpteur.

Tripier comprenant que quel que soit le développement intellectuel, l'aptitude critique, il est difficile de juger des choses de l'art sans avoir pratiqué et s'être rendu compte en technicien des besoins et des périls que cotoie l'artiste dans sa marche en avant.

La culture des arts l'avaient toujours hanté au point qu'un jour de découragement il faillit laisser le bistouri pour le pinceau. Ses goûts, ses aptitudes le ramenaient sans cesse vers cette passion profonde et tenace.

Aussi, lorsqu'il fut installé à la Faculté et que son enseignement de la médecine opératoire fut organisé, lui, que nulle distraction banale ne tentait et qu'une vie de travail éloignait du monde, prit le parti de consacrer quelques heures de loisir à apprendre la peinture.

Non qu'il eût l'ambition de faire un peintre, mais pour fortifier son autorité de professeur et pour entrer en communication plus complète avec ses élèves.

Il me reste donc à vous montrer notre ami sous ce jour où de rares intimes ont pu le connaître, tant il s'appliquait à voiler à tous ce côté de sa vie, jaloux d'être ignoré et de goûter dans l'isolement un peu de repos et de détente d'esprit.

Ce jour éclaire et révèle l'homme intérieur tout entier. Aussi, quelque délicate que soit cette partie de ma tâche, il est de mon devoir de la remplir; je n'hésite pas à l'entreprendre, assuré d'avance que tout ce qui concerne L. Tripier ne saurait vous laisser indifférents.

C'est à de Cocquerel, depuis longtemps son ami, qu'il demanda des conseils. Ils ne lui firent point défaut. De Cocquerel avec sa bienveillance accoutumée accueillit et encouragea ce nouvel élève dont l'ardeur lui rendait son rôle facile. Alors on vit cet homme qui partout conseillait, commandait, se faire docile et attentif aux leçons du maître et, en véritable écolier, commencer par les principes et ne se rebuter devant aucune difficulté.

Entraîné par notre ami à partager ses joies d'esthète, je le suis dans ce petit atelier du quai Pierre-Scize.

Permettez-moi de m'abandonner un instant à ces souvenirs pleins de charmes.

Quelles heures délicieuses si vite envolées nous passâmes ensemble!

Je le vois encore se mettant au travail, fredonnant un air entre les dents, pendant qu'il prépare sa palette, heureux d'échapper pendant quelques heures au dur labeur du chirurgien.

Quelle satisfaction dans la recherche d'une nouvelle pose et dans quelles vibrantes discussions on s'engageait. Quel enthousiasme devant un bel effet de couleur ou devant l'harmonie de beaux mouvements.

Tripier était transformé ! Le savant convaincu, le professeur ardent disparaissait, le maître se dépouillait de sa volonté, écoutait l'avis de chacun, le sourire aux lèvres, l'œil allumé d'une joie profonde.

Hélas ! elle durait peu. Une fois au travail la perpétuelle, l'irrésistible poussée vers le but reprenait notre ami. Le regard aiguisé, à l'affût d'un mouvement du modèle, les mâchoires serrées, tendant tout son être physique, il travaillait là, immobile, pendant de longues heures, nous édifiant.

Le crépuscule ne le désarmait pas et je le vois encore, tenant une bougie d'une main, tandis que l'autre assouplit tel contour et caresse d'un coup de brosse des tons trop heurtés.

Rien ne l'arrête, il faut arriver et traduire la forme.

Sentant déjà les atteintes du mal terrible qui doit le foudroyer quelques heures après, il peint jusqu'à la nuit. De Cocquerel lui fait remarquer sur sa toile un point négligé qu'aussitôt il se met en devoir de retoucher, « Mais rien ne presse, dit de Cocquerel, vous le reprendrez demain. » « Pourquoi attendre, répond froidement Tripier, qui sait si demain je ne serai pas mort. » Grand mot pour une petite chose ; mais n'est-ce pas là le cri de cette conscience raffinée et implacable que Tripier a eu le terrible privilège d'appliquer à tout ce qu'il a fait.

La sincérité, l'amour du vrai, était sa marque artistique comme elle fut sa marque scientifique.

Ses progrès s'affirmaient dans ce sens. En art, il fut réaliste dans le sens élevé du mot.

Sa nature artiste, son horreur de la trivialité et de la caricature, lui faisait fuir le naturalisme brutal qui prend ses éléments sans choix.

Par contre, que de fois ne l'a-t-on pas entendu protester contre cette école de faux primitifs, de symbolistes exsangues qui sous prétexte d'idéalisme traitent le corps humain comme une guenille, le torturent et l'estropient, s'appliquant à être gauches et incertains, mystifiant le crédule public en jouant une naïveté qu'il n'ont pas.

Dans cette culture des arts, Tripier ne comptant ni son temps, ni ses peines, trop dédaigneux de la philosophie pratique qui n'attend de la vie et des choses que ce qu'elles peuvent donner, s'usait comme à l'hôpital avec ses malades.

Son ardeur passionnée de mieux faire l'empêcha d'y trouver la quiétude de l'esprit l'*æqua nimitas* des stoïques et cependant qui de nous n'envierait son sort, puisqu'il a pu tout en faisant le bien consacrer sa vie à des choses élevées, et boire à longs traits aux sources les plus pures où soit donné à l'homme d'étancher sa soif d'inconnu, la science et l'art.

LISTE DES DONATEURS

LISTE DES DONATEURS

Adenot	10 »
Agier	1 »
Albertin, de Roanne	50 »
Alex.	5 »
Allemand	1 »
Andrieux (Pierre)	15 »
Anonyme	5 »
Anonyme	5 »
Anonyme	5 »
Anonyme	5 »
Anonyme	5 »
Anonyme	5 »
Anonyme	5 »
Anonyme	5 »
Anonyme	2 »
Arène	2 »
Argellier	1 »
Arloing (Dr)	200 »
Arloing	100 »
Arthaud	5 »
Aubert	20 »
Aucaigne	1 »
Audemard	1 »
Audibert	10 »
Audry (Jean)	25 »
Audry (Charles)	10 »
Aurand	5 »
Aymard	20 »
Bachot	20 »
Bard	10 »
Bardey	20 »
Barjon	5 »
Baron	50 »
Bayle	2 »
Bec	1 »
Bec	2 »
Bellœuf	1 »
Belous	5 »
Béranger	2 »
Berard (Mme)	50 »
Bérard	5 »
Béraud	10 »
Béraud	20 »
Bergeret	1 »
Bergeron	10 «
Bernay	2 »
Bernoud	1 »
Berruyer	2 50
Bert	5 »

Berthélemy	10 »
Berthet.	10 »
Bertrand (J.) . . .	2 »
Bianchi.	25 »
Blanc (Emile) . . .	10 »
Blanchon	1 »
Boccard	3 »
Boël.	1 »
Bœuf	25
Boissat.	2 »
Bouffandeau . . .	2 »
Bonhomme.	20 »
Bonin	50
Bonnand	1 »
Bonnaud	5 »
Bonnes (A.)	5 »
Bonnes	5 »
Bonnet	5 »
Bonnet (Denis) . . .	1 »
Bonnet (Pierre) . . .	5 »
Bonnet (Louis) . . .	5 »
Bonnet.	2 »
Borry	10 »
Bouchard	200 »
Bouchard (famille) . .	240 »
Bourgeot	10 »
Bouvet.	20 »
Bouveret	15 »
Bovis (de)	5 »
Branthomme	2 »
Bresson (M. & M[lle]) .	50 »
Bret.	20 »
Bret (Mme).	5 »
Briau	5 »
Brillier	2 »
Brintet	1 »
Broallier.	5 »
Brun	50
Brunet.	5 »
Buisson.	2 »
Burdet	2 »
Cambefort (Jules) . .	20 »
Caillemer.	20 »
Canel	50
Cantos	1 »
Capony.	2 »
Carbonnier	2 »
Carle	40 »
Carre	20 »
Carrier (Albert). . .	50 »
Carrier (G.)	5 »
Chabert.	2 »
Chabrières-Arles . .	100 »
Chaix.	5 »
Chambard-Henon . .	100 »
Chantre (Ernest) . .	20 »
Chantre (D[r]). . . .	100 »
Chapuis.	5 »
Chavepayre	1 »
Charnois	2 »
Charrin (Les D[rs]) . .	100 »
Chassy	4 »
Chatelus	5 »
Chatin	5 »
Chauveau	50 »
Chenavard.	100 »
Chevalier.	10 »
Chirat	2 »
Cochet.	20 »
Cohen-Solal. . . .	1 »
Coignet	5 »
Collet	5 »
Collin	100 »
Combier.	3 »
Commandeur	5 »
Condamin	20 »
Consolas	1 »

Cordier	20 »
Cornillac (Mme) . . .	10 »
Cornillac (Mlle) . . .	10 »
Coronat	10 »
Cotzos.	5 »
Courmont	20 »
Coutagne (H)	10 »
Coutagne (Emile) . .	10 »
Couturier	5 »
Cré	10 »
Croizat (André). . .	5 »
Croizat (A).	2 »
Crolas	50 »
Curtillet	20 »
Daday	1 »
Dambmann	100 »
Daire	1 »
Décornaz	50
Demaldent	1 »
Demars.	5 »
Denarié	1 »
Denis	5 »
Dessèvre	2 »
Destot	2 »
Détroyat	20 »
Devic.	100 »
Deville	1 »
Deydier	5 »
Diday (P)	50 »
Dol	50
Dolard (L)	50 »
Dor (Louis)	50 »
Dor (Dr)	50 »
Dor (L. interne) . . .	5 »
Dormy (Comte de) . .	100 »
Doyon	100 »
Dreyfus.	5 »
Dublassy	20 »
Ducerf	2 »
Ducrot.	2 »
Dumarest	5 »
Dumollard.	10 »
Duplan.	2 »
Dupont.	2 »
Dupond.	1 »
Dupout.	1 »
Durand	5 »
Durbesson.	5 »
Dusseigneur (les) . .	100 »
Dutheu.	1 »
Ecole des beaux-arts (professeurs) . . .	75 »
Ecole des beaux-arts (élèves).	25 »
Ecole de santé militaire	200 »
Edouard	10 »
Egger	2 »
Enou	10 »
Etiévant (R). . . .	5 »
Evrot	1 »
Eyraud.	1 50
Fabre (Auguste). . .	10 »
Fabre	5 »
Faure	5 »
Fayard.	10 »
Faillard (Maurice). .	2 »
Ferrand-Holstein (Mme)	50 »
Feuillade.	50
Feuillard	5 »
Finaz	2 »
Flandin.	5 »
Fleury	2 »
Florence.	20 »
Flurer	10 »

Fochier (P)	50 »
Fontaine (Vve)	40 »
Forissier	50
François-Franck	50 »
François	2 »
Françon	20 »
Frappa (J)	30 »
Frappaz	1 »
Frarier	2 »
Frère	5 »
Frèze	30 »
Gaillard	1 »
Gallois	1 »
Gamet	50 »
Gangolphe (L)	20 »
Gangolphe (M)	200 »
Garanti (Mlle)	5 »
Garcin	5 »
Garnier	50
Gaudet	2 »
Gauthier	2 »
Gayet	20 »
Geley	5 »
Gelibert	1 »
Genevet	1 »
Genoud	5 »
Gerest	5 »
Gereste	2 »
Gerspocher	1 »
Gigard	50 »
Gignoux	2 »
Girard	20 »
Giraud (A)	100 »
Giraud (J-B)	10 »
Giraud (P)	3 »
Gironde	50 »
Giverdey (de)	5 »
Goddard	2 »
Gojon	0 50
Gojon	5 »
Gonin	25 »
Gouilloud	40 »
Gourdiat	5 »
Gourgout	5 »
Grandclément	2 »
Grange	1 »
Grésillon	1 »
Gros	50 »
Grousset	1 »
Guérin	2 »
Guichard	20 »
Guillot	200 »
Guyenot	10 »
Guyod	2 »
Guyotat	1 »
Hébrard (et sa famille)	100 »
Hénon	50 »
Heylles	3 »
Hirsch (et ses frères)	100 »
Holstein	200 »
Hugounenq	30 »
Hugues	5 »
Icard	40 »
Imbert	20 »
Jacquand	2 »
Jacquemin	2 »
Jamin	40 »
Jantet	5 »
Josserand (Dr)	25 »
Jourdannet	2 »
Jullien	20 »
Junique (E)	40 »
Juron	1 »
La Bonardière	5 »
Laccassagne	50 »

Lachanaz . . . . . . 20 »
Lacroix . . . . . . 20 »
Lacroix (Alfred). . . 1 »
L.-D . . . . 1 »
Lafaury 50
Lagoutte . . . . . . 5 »
Lannois . . . . . . 20 »
Lanquin . . . . . . 1 »
Lathuraz . . . . . 5 »
Latour . . . . . . 1 »
Laurençon . . . . . 5 »
Laurençon . . . . . 1 »
Laurent (Dr) . . . . 10 »
Laurent 50
Leib . . . . 10 »
Le Lyon Républicain . 50 »
L'Homme . . . . . 2 »
Lemoyne . . . . . 1 »
Léon. . . . . . . 2 »
Lepetit . . . . . . 5 »
Lépine . . . . . . 40 »
Leseur (Paul). . . . 10 »
Levrat . . . . . . 5 »
Levrat-Perroton . . 20 »
Lévy. . . . . 1 »
Lortet-Liebrech . . 50 »
Lortet . . . . . . 100 »
Lyonnet . . . . . . 5 »

Mabire . . . . . . 10 »
Mainguy. . . . . . 1 »
Magnet. . . . . . 1 »
Magnin (de) . . . . 20 »
Magnin (Mme de). . . 10 »
Mangini (Félix) . . . 100 »
Mangini (Louis) . . . 100 »
Manouelidez . . . . 1 »
Marangos . . . . . 20 »
Mareuje . . . . . . 1 »
Margery . . . . . . 10 »
Marion. . . . . . . 1 »
Marduel . . . . . . 25 »
Marre 50
Martel . . . . 5 »
Martel 50
Martin (Claude). . . 100 »
Martin (Victor) . . . 10 »
Martin Lalivve (famille) 100 »
Martino . . . . . 5 »
Mathieu . . . . . . 10 »
Maussac . . . . . . 1 »
Mayet . . . . 20 »
Meunier . . . . . . 20 »
Meynet (Jean) . . . 2 »
Meynet (Paul) . . . 2 »
Michaud . . . . . . 3 »
Michel . . . . . . 1 »
Michon. . . . . . . 20 »
Mollard . . . . . 50 »
Mongin . . . . . . 1 »
Montaz. . . . . . . 10 »
Morel . . . . . . 1 »
Morisot . . . . . 5 »
Mouisset (Dr). . . . 20 »
Mouisset . . . . . 50 »
Moyrou . . . . . . 2 »

Nayou . . . . 1 »
Nicaise (et son fils) . . 40 »
Nicolas (Etudiant . . 2 »
Nicolas. . . . . . . 5 »
Nodet (Dr). . . . . 10 »
Nodet (V.) . . . . . 2 »
Nodot (Mme). . . . 10 »
Normand. . . . . . 1 »
Nové-Josserand . . 5 »

Oberkampff. . . . 100 »
Odin . . . . 5 »

Ollagnier . . . . . 1 »
Ollier . . . . . . 100 »
Orcel (Mme). . . . 50 »
Orcel (Dr) . . . . 100 »
Oullier 0 50
Ovize. . . . . . . 1 »

Papillon. . . . . 2 »
Parrayon . . . . 20 »
Pauly. . . . . . 5 »
Paschetta 0 50
Patel. . . . . . 10 »
Paviot . . . . . 5 »
P-C. 0 50
Pennes. . . . . . 1 »
Perret (Victor). . . 20 »
Perret (Dr) . . . . 10 »
Perret (Alexandre) . 1 »
Perret 0 50
Perrier. . . . . . 10 »
Perrier (Charles). . 1 »
Perrieu . . . . . 5 »
Perrin . . . . . 5 »
Perriol . . . . . 5 »
Péteaux . . . . . 10 »
Peytouraud . . . . 5 »
Philippe . . . . . 5 »
Pic (Dr) . . . . . 20 »
Pic (prof). . . . . 10 »
Piery. . . . . . 1 »
Pillard . . . . . 5 »
Piot . . . . . . 2 »
Pont . . . . . . 2 »
Porte. . . . . . 5 »
Porteret. . . . . 5 »
Prévost (A). . . . 10 »
Prévost (Aimé). . . 40 »
Prunier. . . . . . 2 »
Prudon . . . . . 10 »
Pupier-Zénon . . . 150 »
Puy . . . . . . 40 »

Raclot . . . . . . 5 »
Raugé. . . . . . 30 »
Raymond. . . . . 20 »
Rebatel. . . . . . 100 »
Reboul . . . . . . 10 »
Redon . . . . . . 2 »
Regaud . . . . . . 5 »
Repelin . . . . . . 5 »
Repiton-Preneuf . . 1 »
Reymond. . . . . 10 »
Reverdin (Auguste) . 50 »
Reverdin (Jacques). . 100 »
Riboud . . . . . . 20 »
Riboulet. . . . . 2 »
Richard (famille) . . 300 »
Riolacci . . . . . 2 »
Rivière . . . . . 5 »
Roche. . . . . . . 1 »
Rochet . . . . . . 20 »
Rodet. . . . . . . 10 »
Roland . . . . . . 10 »
Rollet (Étienne) . . 10 »
Rondet (Dr). . . . 50 »
Rondet (Louis et Camille) 50 »
Rondet . . . . . . 1 »
Rondot . . . . . . 5 »
Rossigneux . . . . 10 »
Roussellier. . . . 1 »
Roux (Gabriel) . . . 20 »
Roux . . . . . . 10 »
Roux. . . . . . . 5 »
Ruel (de Souroure). . 1 »

Sabatier. . . . . 20 »
Sabran . . . . . . 30 »
Sallès . . . . . . 5 »
Sainte-Rose. . . . 10 »

Sargnon . . . . . 2 »
Sauvage . . . . . 1 »
Savy . . . . . . 5 »
Savy 50
Schall . . . . . 5 »
Schrameck . . . . 5 »
Seon . . . . 3 »
Serullaz . . . . 2 »
Serullaz . . . . 5 »
Siraud . . . . . . 5 »
Sisley-Hénon (Vve et ses enfants) . . . 40 »
Société des sciences médicales . . . . 200 »
Sortais . . . . . . 5 »
Soulier . . . . . . 50 »
Soumeyre . . . . 1 »
Stengelin . . . . 50 »
Suchetet . . . . 15 »
Suter . . . . . . 20 »

Tabourin . . . . . 20 »
Talichet . . . . . 10 »
Tédenat . . . . . 30 »
Tellier . . . . . . 30 »
Termier . . . . . 2 »
Tezenas du Moncel . 3 »
Thaller . . . . . 10 »
Théaulon . . . . 1 »
Thevenet . . . . 5 »
Thevenet . . . . 5 »
Tillier . . . . . . 5 »
Tiodet . . . . . . 10 »
Tixier (Louis) . . . 5 »
Tollet . . . . . . 20 »
Tournier . . . . . 5 »
Tranche . . . . . 2 »
Tripier (famille) . . 500 »
Triviot . . . . . . 5 »
Tuja . . . . 5 »
Truc . . . . 50 »

Vallin . . . . . . 20 »
Valuy . . . . . . 20 »
Vauthey . . . . 2 »
Verschneider (Mme Michel) . . . . . 50 »
Verdan . . . . . . 1 »
Vernaz . . . . . 2 »
Vial . . . . 2 »
Viallet (Mme) . . . 30 »
Viellard-Baron . . 2 »
Viennois . . . . . 40 »
Villard . . . . . 5 »
Villet . . . . . . 100 »
Vinay . . . . . . 100 »
Vignard 25
Vignon . . . . . 20 »
Viry . . . . 5 »
Voillot . . . . . 2 »
Voutchidoloff . . 1 »
Vuillermoz . . . . 5 »

Weil . . . . 50 »
Weydenmeyer . . . 3 »

X 50

TABLE DES MATIÈRES

www.ingramcontent.com/pod-product-compliance
Ingram Content Group UK Ltd.
Pitfield, Milton Keynes, MK11 3LW, UK
UKHW020305180726
13839UKWH00001B/371